AF451701

TRAITÉ

DES CHEPTELS,

SELON LES REGLES,

TANT DU FOR DE LA CONSCIENCE,

QUE DU FOR EXTÉRIEUR.

PAR L'AUTEUR

DU TRAITÉ DES OBLIGATIONS.

A PARIS,

Chez DEBURE l'aîné, Quai des Augustins,
à l'Image S. Paul.

A ORLEANS,

Chez J. ROUZEAU-MONTAUT, Imprimeur du Roi,
de la Ville, & de l'Université.

M. DCC. LXV.

Avec Approbation & Privilege du Roi.

TABLE
DES ARTICLES,

Sections & Paragraphes, contenus dans le Traité des Cheptels

SECTION PREMIERE.

Fin de la Table des Articles, &c.

TRAITÉ
DES CHEPTELS.

A Thomassiere, en sa Préface sur le Titre des Cheptels de la Coutume de Berry, distingue trois especes de Contrats de Cheptels. Le Cheptel simple & ordinaire, le Cheptel à moitié, & le Cheptel de fer.

SECTION PREMIERE.

Du Cheptel simple & ordinaire.

1. Le Cheptel simple & ordinaire est un Contrat par lequel l'une des Parties qui est le Bailleur, donne à l'autre qui est le Preneur, un Cheptel, c'est-à-dire, un fond de bétail, pour le soigner & gouverner pendant un certain tems, à la charge qu'à l'exception des profits de laitages,

A

graiſſes ou fumiers & labeurs qui ſont laiſ-
ſés en entier au Preneur, tous les profits qu'il
y aura ſur le Cheptel, tant de laines que
des croits & des méliorations des bêtes, ſeront communs entre les Parties par moitié; comme auſſi que ſi par des cas fortuits, il ſe trouvoit à la fin du tems de la
perte ſur le Cheptel, elle ſeroit pareillement ſupportée en commun par les Parties.

La principale différence entre ce Cheptel ſimple, & le Cheptel à moitié dont
nous traiterons dans la Section ſuivante,
eſt que dans le Cheptel ſimple, le fond
entier du Cheptel eſt fourni par le Bailleur ſeul; au lieu que dans le Cheptel à
moitié, chacune des Parties en fournit la
moitié.

Nous traiterons dans un premier Article, de la nature & de la forme de ce
Contrat : nous examinerons dans un ſecond ſi ce Contrat de Cheptel ſimple, tel
que nous l'avons décrit, eſt licite, ſoit
dans le for de la conſcience, ſoit dans le
for extérieur; dans un troiſieme, nous traiterons des clauſes qui ſont réprouvées dans
ce Contrat; nous traiterons dans un quatrieme des obligations qui en naiſſent;
nous verrons dans un cinquieme quand
le partage du Cheptel peut être demandé,
& comment il ſe fait.

ARTICLE PREMIER.

De la nature de ce Contrat, & de sa forme.

Ce Contrat peut être confidéré de deux différentes manieres ou fous deux différens points de vue, fuivant que peut paroître avoir été l'intention des Parties contractantes. Nous traiterons dans les deux premiers Paragraphes de la nature du Contrat de Cheptel, confidéré fous chacun de ces points de vue ; nous ajouterons un troifieme Paragraphe, où nous traiterons de la forme de ce Contrat.

§. I.

De la nature du Contrat de Cheptel confidéré fous un premier point de vue.

2. Le premier point de vue fous lequel ce Contrat de Cheptel peut être confidéré, eft celui par lequel on le confidere comme un Contrat de fociété de beftiaux que les Parties ont intention de faire.

Par ce Contrat de fociété, le preneur n'ayant pas le moyen de fournir à la fociété fa moitié du fond des beftiaux qui doit compofer ce Cheptel, & qu'il doit fournir pour pouvoir être affocié pour moitié ; le Bailleur la fournit pour lui & la lui avance ; de laquelle avance le Preneur doit faire raifon au Bailleur lors de la diffolution de la fociété.

En confidérant le Contrat fous ce point de vue, le Bailleur eft cenfé fournir à la fociété le Cheptel, tant pour lui que pour le Preneur, fçavoir la moitié pour lui & en fon nom, & l'autre moitié pour le Preneur à qui il en fait l'avance.

Au moyen de cette avance, le fond du Cheptel devient commun entre les deux Parties : le Preneur en eft fait Propriétaire pour moitié, & eft feulement débiteur envers le Bailleur du prix de la moitié du Cheptel que le Bailleur lui a avancée.

On dira peut-être que le Preneur n'a pas befoin, pour être affocié pour moitié, d'apporter à la fociété la moitié des beftiaux qui en doivent compofer le fond ; puifque fe chargeant feul de la garde du bétail, & même de la nourriture & de l'hébergement, lorfqu'il n'eft pas le métayer du Bailleur, ces chofes lui doivent tenir lieu de la part qu'il doit apporter à la fociété.

La réponfe eft que le Preneur eft fuffifamment récompenfé par la fociété pendant qu'elle dure, par les profits des laitages, fumiers & labeurs des animaux, lesquels lui sont laissés pour la récompense de ces choses, & ne tombent point en partage entre les Parties ; c'est pourquoi le Preneur, pour être associé pour moitié, & avoir droit à la moitié des profits de la tonte des laines, des croits & de l'amélioration des animaux, doit fournir à la société la moitié des bestiaux qui doivent composer le fond du Cheptel.

Cela se prouve par l'exemple du Contrat de Cheptel à moitié, dont nous traiterons dans la Section suivante ; dans ce Cheptel à moitié, quoique le Preneur soit chargé seul de la garde des troupeaux & des mêmes choses que dans le cheptel simple ; néanmoins, par ce qu'il en doit être récompensé par la société de la maniere dont nous venons de le dire, il ne laisse pas de fournir à la société la moitié du fond du Cheptel.

Dans le Contrat à cheptel, ou c'est un étranger qui n'est pas le Propriétaire de la métairie, où le cheptel doit être placé, qui est le Bailleur du cheptel, ou c'est le Propriétaire de la métairie.

Dans le premier cas, le Preneur à la vérité, outre sa part du cheptel qui est avancée pour lui par le Bailleur, fournit seul à la société la garde & le gouvernement du cheptel, l'usage de ses pâturages

& de fes logis, pour la nourriture & l'hebergement des bêtes qui le compofent ; mais comme nous l'avons déja dit, il eft payé de cela par la fociété pendant qu'elle dure, par le profit des laitages, par celui des fumiers dont il fe fert pour l'engrais de fes terres, & par les labeurs des animaux ; tous lefquels profits font laiffés en entier au Preneur, fans que le Bailleur y participe en rien.

Dans le fecond cas, lorfque le Contrat de cheptel fe fait entre un Propriétaire de métairie & fon Métayer, ce qu'on appelle *Cheptel de métairie ;* la condition du Métayer, qui eft le Preneur, eft bien plus avantageufe ; s'il fournit feul la garde du cheptel, le Bailleur de fon côté fournit l'ufage de fes pâturages & de fes logis, pour la nourriture & l'hebergement du cheptel, ce qui équipolle pour le moins à la garde du cheptel que le Preneur fournit : d'où il fuit que dans ce cheptel, le Preneur ne fourniffant pas plus que le Bailleur à la fociété, les menus profits du beftail, tels que ceux des laitages qu'on lui laiffe, font un bénéfice & une gratification que le Bailleur lui fait.

3. Il refte à obferver, que la fociété que renferme le cheptel ordinaire confidéré fous ce premier point de vue, auffi-bien que celle que renferme le chep-

tel à moitié dont nous parlerons dans l'article fuivant, ont cela d'exorbitant des fociétés ordinaires, que la mort de l'un des affociés n'en opére pas la diffolution ; & que le droit & la qualité d'affocié qu'avoit l'affocié défunt, paffe à fes héritiers : cela n'empêche pas qu'elles ne foient de vraies fociétés; car s'il eft de la nature de la fociété qu'elle foit diffoute par la mort de l'un des affociés, cela n'eft pas de fon effence ; puifque par le droit Romain, dans la fociété contractée pour la Ferme des Impôts, on pouvoit valablement convenir que les héritiers de l'affocié qui mourroit dans le cours de la fociété, fuccéderoient en fa place à la fociété pour le temps qui en reftoit à courir.

§. I I.

Du fecond point de vue, fous lequel peut être confidéré le Cheptel fimple.

4. Le cheptel fimple & ordinaire peut être confidéré fous un fecond point de vue : lorfque l'intention du Bailleur a été de demeurer feul Propriétaire du fond du cheptel, le cheptel doit en ce cas être confidéré comme un Contrat innommé tenant plutôt du bail que de la fociété, par lequel le Bailleur donne pour un

certain temps au Preneur son cheptel à garder, & même quelquefois à nourrir & loger, moyennant une certaine récompense ou loyer que le Bailleur lui donne, qui consiste dans les profits de laitages, fumiers & labeurs des animaux : & en outre pour intéresser & engager davantage le Preneur à apporter tous ses soins au cheptel, le Bailleur lui accorde par ce Contrat, la moitié de tous les autres profits, tant de ceux des laines, que de ceux des croits, & méliorations du bestail, à la charge néanmoins que le Preneur se chargera pour la même portion, du risque de la perte qui pourroit arriver sur le cheptel par des cas fortuits.

Il paroît que c'est sous ce second point de vue, que les Coûtumes ont considéré le Contrat de cheptel, & que l'intention la plus ordinaire des Parties dans ce Contrat, est que le Bailleur demeure seul Propriétaire du cheptel.

Ce que nous avons dit, que par ce Contrat, le Bailleur donne au Preneur son cheptel non-seulement à garder, mais même quelquefois à nourrir & loger, a lieu lorsque c'est un étranger qui est le Bailleur du cheptel : car c'est en ce cas le Laboureur-preneur du cheptel qui est chargé en entier de la nour-

riture & du logement du bestail ; c'est
lui qui fournit les pâturages & les étables :
aussi il doit avoir seul le profit des laitages,
fumiers & labeurs des animaux, le Bailleur n'y doit prendre aucune part : lorsque
le Contrat intervient entr'un Maître de métairie qui est le Bailleur, & son Métayer
qui est le Preneur, en ce cas le Preneur
n'est chargé que de la garde du cheptel,
puisque le Bailleur fournit les pâturages
& l'hebergement.

§. I I I.

De la forme du cheptel ordinaire.

5. Ce Contrat n'est proprement assujetti
à aucune forme, sinon que dans ce Contrat, le Bailleur devant à la fin du cheptel, au partage qui s'en fera, préléver le
montant de la valeur des bestiaux qu'il a
donné à cheptel, il en doit être fait lors
du Contrat une prisée, pour connoître
quelle en étoit la valeur lors du Contrat.

Cette prisée peut se faire ou à l'amia-
ble entre les Parties, ou par des Estima-
teurs que les Parties choisissent.

Si un Bailleur, profitant du besoin pres-
sant qu'un Laboureur a de son bestail,
pour faire valoir sa métairie, l'a fait consentir à une estimation trop forte du bes-

tail qu'il lui donnoit à cheptel, il est obligé dans le for de la conscience, de rédui-
re cette estimation à la somme qui étoit
le juste prix du cheptel lors du Contrat.

Contrà vice versâ. Si dans un cheptel
passé entr'un Maître de métairie & son
Métayer, le Maître s'en rapportoit pour
la prisée à ce Métayer, ce seroit une injustice, si le Preneur la faisoit au-dessous
du juste prix.

6. Le Contrat de cheptel n'a pas à la
vérité besoin d'être revêtu d'aucune for-
malité, pour avoir son éxécution entre
les Parties contractantes; il peut vis à-vis
d'elles être passé par un acte sous signa-
ture privée; il peut même être fait ver-
balement lorsque les Parties ne discon-
viennent pas de la convention. Mais pour
que le Bailleur puisse justifier le Contrat
de cheptel, dans le cas d'une saisie des
bestiaux du cheptel pour la Taille & autres Impositions dues par le Preneur chez
qui les bestiaux se trouvent, & pour que
le Bailleur puisse en conséquence en obtenir main-levée, l'Edit du mois d'Octo-
bre 1713. art. 17. a assujetti à cet égard
les Contrats de cheptel à certaines formalités, qui sont 1°. Qu'il en sera passé acte
devant Notaire. 2°. L'acte contiendra le
nombre, l'âge & le poil des bêtes du
cheptel. 3°. Ils seront contrôlés dans la

quinzaine. 4°. Ils feront publiés aux Prônes des Paroiffes de la demeure des Preneurs, (ou ce qui équipolle, à la porte de l'Eglife à l'iffue de la Meffe de Paroiffe, fuivant la Déclaration du 16. Décembre 1698.) 5°. Ils doivent être regiftrés fans frais au Greffe de l'Election, dans les deux mois de leur datte.

Par l'article 18. il eft défendu aux Officiers des Elections, d'avoir aucun égard aux Baux à cheptel, s'ils ne font revêtus defdites formalités, fans qu'ils puiffent en admettre la preuve par écritures privées, ni par témoins, à peine de nullité. Lorfque le Contrat de cheptel eft revêtu de toutes les fufdites formalités, le Bailleur peut, en le repréfentant, obtenir la main-levée de la faifie qui auroit été faite des beftiaux de fon cheptel, même pour la Taille & les autres Impofitions dues par le Preneur ; fauf néanmoins que la faifie peut tenir & être fuivie pour un cinquieme du cheptel pour le taux de Taille du Preneur, fans que pour les autres Impofitions elle puiffe tenir pour aucune portion, art. 19.

ARTICLE II.

Si le Contrat de cheptel simple est permis?

7. L'Auteur des Conférences de Paris sur l'usure, prétend que le Contrat de cheptel simple & ordinaire, tel que nous l'avons exposé dans l'article précédent, & par lequel le Preneur supporte la moitié de la perte, lorsqu'il y en a, comme il a la moitié du profit, est un Contrat illicite & usuraire, contraire au Droit naturel, & aux Coûtumes du Royaume qui ont traité de cette matiere.

Nous établirons au contraire dans un premier paragraphe, que ce Contrat dans les Provinces où il est autorisé & pratiqué, est équitable, & n'a rien de contraire au Droit naturel.

Nous établirons dans un second paragraphe, qu'il est expressément autorisé par les Coûtumes qui ont traité des cheptels.

Dans un troisieme paragraphe, nous examinerons si le Contrat de cheptel, tel que nous l'avons exposé, est licite indistinctement dans tous les pays.

Dans un quatrieme, s'il est licite à l'égard de toutes les especes d'animaux.

§. I.

*Le Contrat de cheptel simple & ordinaire,
n'a rien de contraire à l'équité naturelle
dans les Provinces, où il est admis.*

8. Pour détruire les raisonnemens de
l'Auteur des Conférences contre le Contrat de cheptel, il suffit de les rapporter.

Cet Auteur distingue deux especes de
Contrat de cheptel, celui qu'il appelle
cheptel affranchi, qui est le cheptel à moitié, dont nous traiterons dans la Section
suivante, par lequel chacune des Parties
fournit à la société la moitié des bestiaux
qui doivent composer le fond du cheptel
& de la société; & *le cheptel* qu'il appelle
non affranchi, par lequel le Bailleur fournit tout le fond du cheptel : il convient
que dans le cas du cheptel affranchi, la
perte qui arrive sur le cheptel par des cas
fortuits, doit être supportée en commun
par les deux Parties, à qui le fond du
cheptel appartient en commun ; mais il
soutient que dans notre espece de cheptel
simple, qu'il appelle le cheptel *non affranchi*, le Bailleur qui a fourni tout le
fond du cheptel, doit en supporter seul
la perte, s'il en arrive par des cas fortuits, & qu'on ne peut sans injustice en

faire porter aucune part au Preneur.

Suivant le syftême de cet Auteur, le Preneur qui n'a pas fourni fa part des beftiaux qui doivent compofer le cheptel, & qui d'ailleurs n'apporte rien de plus, que ce qu'un Preneur, qui a fourni fa part des beftiaux, apporte outre fa part, eft néanmoins de meilleure condition que le Preneur qui a fourni fa part ; car celui-ci n'a la moitié des profits qu'à la charge de fupporter la moitié de la perte ; au lieu que le Preneur qui n'a pas fourni fa part des beftiaux, a la même part dans les profits que celui qui l'a fournie, fans être comme lui fujet à fupporter fa part de la perte, lorfqu'il en arrive : qui ne fent l'abfurdité d'un pareil fyftême !

Lorfque je fais un plaifir à quelqu'un, en lui faifant un prêt ou une avance, il ne m'eft pas permis à la vérité de retirer aucun lucre du bienfait que je lui fais ; mais néanmoins ce bienfait ne doit pas m'être préjudiciable : *Officium fuum nemini debet effe damnofum* ; dans le fyftême de l'Auteur des Conférences, le Bailleur pour faire au Preneur le plaifir d'avancer pour lui la part des beftiaux qu'il doit fournir à la fociété, fe feroit un préjudice confidérable, puifque dans ce fyftême il fe chargeroit pour le total du rifque de la perte fur le cheptel, qu'il n'auroit fupporté que pour moitié, s'il n'eût pas fait au Preneur cette avance, & que le Preneur eût apporté la part qu'il devoit apporter; qui ne fent encore un coup, l'abfurdité d'un pareil fyftème!

9. Tout l'argument de cet Auteur fe réduit à dire, que c'eft un principe de droit naturel, que les chofes doivent être aux rifques de ceux à qui elles appartiennent; que la perte, lorfqu'elle arrive par un cas fortuit, en doit donc être fupportée par eux, *res perit Domino*, & qu'on ne peut fans injuftice la faire fupporter par d'autres.

De-là il conclud que dans le cheptel ordinaire, qu'il appelle cheptel non affranchi, le Bailleur ayant feul fourni les beftiaux, & en étant par conféquent feul Propriétaire, il doit feul en fupporter la perte, & qu'il ne peut fans injuftice en faire fupporter aucune part au Preneur.

Il eft facile de répondre à fon argument, 1°. lorfque le cheptel fimple eft confidéré fous le premier point de vue, fous lequel nous avons vu en l'article précédent qu'il pouvoit être confidéré, le Bailleur étant dans ce cas cenfé fournir pour le Preneur, la moitié dans le fond du cheptel que le Preneur doit fournir, & la lui avancer; le fond du cheptel n'eft pas moins dans ce cas commun entre les deux Parties, que dans le cas du cheptel à moitié, que l'Auteur des Conférences appelle *cheptel affranchi*; & par conséquent, même suivant le principe de cet Auteur, la perte qui arrive par cas fortuit sur le cheptel, doit être supportée en commun, comme dans le cas du cheptel affranchi; la seule différence entre le cheptel simple, considéré sous le premier point de vue, & le cheptel à moitié ou affranchi, est que dans le cheptel simple, le Preneur est débiteur envers le Bailleur du prix de la moitié du fond du cheptel, que le Bailleur est censé avoir fourni pour lui, & lui avoir avancé; mais quoique le Preneur soit débiteur du prix de cette moitié, il ne laisse pas d'être le Propriétaire de cette moitié, & elle doit par conséquent être à ses risques, même suivant le principe de l'Auteur des Conférences.

10. 2°. En considérant le cheptel simple sous le second point de vue, suivant lequel le Bailleur demeure seul Propriétaire du fond du cheptel, il est encore facile de répondre à l'argument de l'Auteur des Conférences: une chose, dit-il, doit être aux risques de celui à qui elle appartient, & il en doit supporter la perte lorsqu'elle arrive par cas fortuit, *res perit Domino:* je répons que ce principe souffre des exceptions; il seroit trop long de

les rapporter toutes, il suffit de rapporter celle qui sert à la décision de la question présente, qui est que le Propriétaire d'une chose peut licitement, & sans blesser la justice, se décharger du risque de sa chose, & charger de ce risque une autre personne, en payant à cette personne le prix du risque dont il la charge.

C'est ce qui arrive dans le cas du Contrat d'assurance, par lequel les Propriétaires d'un navire, & les Propriétaires des marchandises qui y sont chargées, chargent des Assureurs, des risques que doivent courir leur vaisseau, ou leurs marchandises pendant le cours d'une navigation, en donnant à ces Assureurs une certaine somme pour le prix du risque dont ils les chargent.

Pareillement dans notre Contrat de cheptel simple, le Bailleur peut par ce Contrat, sans blesser la justice, se décharger pour moitié du risque de son cheptel, & en charger le Preneur pour cette moitié, en lui accordant pour le prix de ce risque dont il le charge, la moitié dans les profits des laines, croît & méliorations des bêtes, qui ne lui seroient pas dûs sans cela, étant d'ailleurs suffisamment payé de ce qu'il fournit pour le cheptel, par les profits de laitages, graisses & labeurs qu'on lui laisse.

§. II.

Le cheptel simple est autorisé par les Coûtumes.

11. Le cheptel simple, par lequel le Preneur a part à la perte, comme aux profits, bien loin d'être contraire aux Loix & Coûtumes du Royaume, comme se l'est imaginé l'Auteur des Conférences, est au contraire expressément autorisé par les Coûtumes qui ont traité de la matiere des cheptels; & nous le défions d'en citer aucune qui l'ait condamné.

Nous commencerons par la Coutume de Berry. Cette Coutume, article 3, traite de la maniere dont se fait le partage après l'expiration du tems que doit durer le bail à cheptel; il est évident que dans cet article la Coutume traite du cheptel simple; car il est parlé du prélevement que doit faire le Bailleur, de son cheptel, ce qui ne peut avoir lieu que dans le cheptel simple: dans le cheptel à moitié, par lequel chacune des Parties a fourni sa moitié, il ne peut y avoir un prélevement du cheptel à faire.

Cet article 3. est pour le cas auquel il se trouve du profit dans le cheptel; l'ar-

ticle 4. qui fuit eſt pour le cas auquel il
s'y trouve de la perte.

Il eſt évident par la connexion & l'op-
poſition qui eſt entre l'article 4. & l'article 3, qu'il eſt parlé dans l'article 4. de la
même eſpece de cheptel dont traitoit l'article 3, & par conſéquent du cheptel ſimple ; or voici comme s'explique la Coutume audit article 4 : » & ſi ladite appré-
» ciation deſdites bêtes eſt moindre que
» le cheptel que doit prendre le Bailleur,
» (c'eſt-à-dire, que la ſomme à laquelle
» monte, ſuivant la premiere priſée faite
» lors du bail, le fond de beſtiaux fourni
» en entier par le Bailleur) la perte qui
» eſt ſur le cheptel doit être diviſée par
» moitié, & de la moitié ſera tenu le Pre-
» neur en rembourſer le Bailleur.

Cette perte que l'article 4. fait ſupporter en commun par le Bailleur & le Preneur, eſt celle qui eſt arrivée par des cas
fortuits : car à l'égard de celle qui ſeroit
arrivée par la faute du Preneur, la Coutume en charge en entier le Preneur ; c'eſt
pourquoi, après la premiere partie de
l'article 4. que nous venons de rapporter,
la Coutume ajoute : » & ſi par la faute,
» coulpe & négligence du Preneur, ladite
» diminution & détérioration des bêtes
» ſont provenues, il eſt tenu aux dom-
» mages & intérêts du Bailleur.

L'Auteur des Conférences, qui ne peut se tirer de cet article 4. de la Coutume de Berry, qui décide dans les termes les plus formels : » que dans le cheptel simple » (que cet Auteur appelle non affranchi) » la perte, lorsqu'il s'en trouve, est sup- » portée en commun par le Bailleur & le » Preneur, a cru pouvoir éluder cet ar- » ticle, en disant, pag. 457, qu'il devoit » être restraint au seul cas d'un partage qui » auroit été *intempestivement demandé* ; » mais cette interprétation est divinatoire & ridicule : il n'y a, ni dans l'article 4, ni dans ce qui le précede, ni dans ce qui le suit, aucun vestige de ce cas d'un par- tage intempestivement demandé , qu'a imaginé l'Auteur des Conférences ; au contraire, l'article 3. avec lequel l'article 4. a une connexion évidente, s'exprime en termes formels du cas d'un partage de- mandé après l'expiration du tems que doit durer le cheptel : voici ses termes : *En cheptel , celui qui veut exiger après le tems conventionnel ou de la Coutume passé* : donc pareillement dans l'article 4. qui y est relatif, il est question du cas du compte du cheptel qui se rend *après le tems con- ventionnel ou de la Coutume passé*, & non pas du cas d'un partage *intempestivement demandé*, comme a osé l'avancer l'Auteur des Conférences sans aucun fondement.

12. Quand même le texte de la Coutume de Berry ne feroit pas aussi clair qu'il l'est, l'usage de la Province, qui l'a toujours entendu dans le sens dans lequel nous l'entendons, ne devroit laisser aucun doute.

Cet usage ne peut mieux être justifié que par la Jurisprudence de la Province, & les Jugemens qui y ont été rendus, *l.* 24. ff. *de Legibus.* Or la Thomassiere, dans ses Décisions centurie 11 ch. 46 nous rapporte plusieurs Sentences du Présidial de Bourges, qui même dans les tems des guerres civiles dans lesquels les bestiaux de la Province étoient pillés par les différens partis, ont jugé que les Preneurs dans les cheptels simples, devoient supporter la moitié de ces pertes.

13. La Coutume de Bourbonnois n'est pas moins formelle que celle de Berry, pour autoriser le Contrat de cheptel simple, par lequel le preneur à qui on accorde la moitié dans le profit du cheptel fourni en entier par le Bailleur, doit supporter la moitié de la perte, lorsque par des cas fortuits, au lieu de profit il y a de la perte.

Voici comme elle s'exprime en l'article 454 : » Si au tems de la prisée les bê-
» tes sont moins prisées que du prix pour
» lequel elles ont été baillées à cheptel &

» croit, le Bailleur prendra icelles bêtes
» ou la fomme du prix entiérement ; &
» lefdits Bailleur & Preneur feront tenus
» chacun par moitié de la perte ; de la-
» quelle moitié ledit Preneur eft tenu de
» rembourfer ledit Bailleur. » L'Auteur
des Conférences ne peut pas dire que cet
article doit être entendu du cheptel affranchi ; ces termes de l'article : *de laquelle
moitié ledit Preneur eft tenu de rembourfer
le Bailleur*, y réfiftent ; car dans le cas du
cheptel affranchi, en cas de perte, le Preneur, lors du partage du cheptel, n'a rien
à rembourfer au Bailleur ; il fupporte pour
fa part la perte, en ce qu'il retire moins
qu'il n'a apporté.

L'Auteur des Conférences ne peut pas
non plus difconvenir que cette perte, dont
la Coutume fait fupporter la moitié au
Preneur, foit celle qui eft arrivée fans la
faute du Preneur ; car à l'égard de celle
qui arrive par fa faute, il ne la doit pas
feulement fupporter pour moitié, mais
en total ; c'eft pourquoi la Coutume ajoute
à la fin de l'article : *Mais fi la détérioration
eft arrivée par fraude, dol ou malverfation
du Preneur, il eft tenu des dommages & intérêts envers le Bailleur.*

14. Paffons à la Coutume de Nivernois : bien loin qu'elle profcrive le Contrat de cheptel, par lequel la perte com-

me le profit, lorfqu'il y en a fur le cheptel, fe partage en commun entre le Bailleur qui a fourni tout le cheptel, & le
Preneur; au contraire elle l'autorife formellement.

Cette Coutume, au Titre des croits &
cheptels de bêtes, après avoir dit en l'article 2. que *le Contrat de cheptel eft de telle*
nature que le Bailleur baille & fournit le
bétail, s'exprime ainfi en l'article 3 : » &
» doit le preneur telle garde audit bétail
» que s'il périt par fes dol, faute & coul-
» pe, le dommage fe prend fur lui ; mais
» fi c'étoit par fortune ou inconvéniens
» non prévus, ou qui ne fe pourroient
» prévoir, il n'en fera tenu ; mais eft le
» péril ou perte commun.

L'article 4. qui fuit dit : » auffi eft le
» péril dudit bétail commun, réguliére-
» ment entre le preneur & Bailleur, tout
» ainfi que le croit qui en procede.

La Coutume de Nivernois autorife bien
formellement par ces articles notre Contrat de cheptel, par lequel la perte comme
le profit, fe partage également entre le
Bailleur qui a fourni tout le cheptel, & le
Preneur.

15. L'Auteur des Conférences donne
à fon ordinaire la torture à ces articles ;
il dit que cette derniere phrafe de l'article 3. doit être détachée de l'article 3 , &

placée au commencement de l'article 4 ; & que cet article 4, ainsi que la fin de l'article 3. qui y doit être portée, font dans le cas du cheptel affranchi, & non dans le cas du cheptel non-affranchi, dont les articles 2 & 3 ont parlé ; autrement, dit cet Auteur, ces termes : *mais est le péril ou perte commun* formeroit une contradiction avec ceux-ci qui précedent : *il n'en sera tenu.*

Je réponds que ces termes : *mais est le péril ou perte commun*, ne contredisent pas ceux qui précédent *il n'en sera tenu.* Ils servent à les expliquer, & à faire connoître que ces termes doivent s'entendre seulement en ce sens que le Preneur *n'est pas tenu* de la perte qui arrive par fortune & sans sa faute, de la même maniere qu'on venoit de dire qu'il étoit tenu de celle arrivée par sa faute : *qu'il n'en est pas tenu* seul : *qu'il n'est pas tenu* d'en dédommager le Bailleur ; mais cela ne veut pas dire qu'il n'en doit pas supporter sa part, comme ayant part à la perte comme au profit. Ainsi nulle contradiction dans l'article 3, & nul besoin d'en détacher la fin.

La Coutume de Bergerac, dont le texte est rapporté *infrà*, *n.* 18, s'exprime de la même maniere, & sert à confirmer notre interprétation.

16. Quant à ce que dit l'Auteur des Conférences, que cette fin de l'article 3 : *mais eſt le péril ou perte commun ; & l'ar*ticle 4. ne doivent pas s'entendre du cheptel non-affranchi, dont il avoit été parlé auparavant, mais du cheptel affranchi ; cela eſt dit ſans aucun fondement. Ce n'eſt qu'en l'article 5. que la Coutume commence à parler de l'affranchiſſement du cheptel, que le Preneur peut faire pendant le cours du bail, en laiſſant prélever au Bailleur le prix des bêtes & des laines qui ſe vendent, juſques à concurrence de la priſée du cheptel ; & lorſque le Bailleur ſe trouve ainſi payé du prix du cheptel, *le bétail dudit cheptel*, dit l'article 6, *enſemble tout le croit ſont communs entre les Parties, & en conſéquence ſont communs les dommages & profits.*

L'effet de cet affranchiſſement eſt, ſuivant cet article, qu'au lieu qu'auparavant, le bétail qui fait le fond du cheptel appartenoit en entier au Bailleur, qui avoit au moins le droit d'en prélever le prix ; au contraire, depuis qu'il ſe trouve affranchi & acquitté par le prélevement que le Preneur a laiſſé faire au Bailleur, des profits, juſqu'à concurrence du prix entier de ce cheptel ; le beſtail qui fait le fond de ce cheptel, devient entiérement commun entre les Parties, de maniere que le Preneur y a autant que le Bailleur.

A l'égard de ces derniers termes : *& en conséquence font communs les dommages & profits ;* le sens est, que tout étant commun, les dommages & profits font communs comme ils l'étoient avant l'affranchissement : mais ces termes n'ont pas ce sens que l'Auteur des Conférences leur attribue, que le dommage qui peut survenir par cas fortuits, ne devient commun, que depuis que le cheptel a été acquitté & affranchi.

La raison est, 1°. que si dans cette phrase *& en conséquence font communs les dommages & profits*, on devoit conclure de ces termes *en conséquence*, que le dommage ne devoit être commun que depuis l'affranchissement & en conséquence de l'affranchissement & acquittement du cheptel ; il y auroit lieu d'en conclure pareillement que le profit ne doit être commun que depuis l'affranchissement & en conséquence de l'affranchissement & de l'acquittement du cheptel ; car dans la phrase les termes *en conséquence* ne tombent pas plus sur *le dommage* que sur *le profit ;* or on ne conteste pas que dès avant l'affranchissement, le profit étoit commun, & qu'il ne fait que continuer de l'être; donc pareillement le dommage ne fait que continuer d'être commun.

2°. Il eſt contre la raiſon de penſer que l'affranchiſſement & l'acquittement du cheptel que fait le Preneur, ne ſerve qu'à rendre ſa condition beaucoup plus mauvaiſe, que s'il ne l'eût pas acquitté; en le rendant ſujet au riſque de la perte, ſans qu'il ait dans le profit rien de plus, que ce qu'il auroit eu ſans courir le riſque d'aucune perte, s'il n'eût pas affranchi le cheptel.

17. L'Auteur des Conférences ſe prévaut beaucoup de l'autorité de Coquille; il eſt vrai que Coquille en ſon Commentaire ſur la Coûtume de Nevers, & dans ſes queſtions ſur cette Coûtume, art. 84. a penſé, que dans le cheptel ſimple, tant qu'il n'avoit pas été affranchi & acquitté par le Preneur, la perte qui arrivoit par cas fortuits ſur le cheptel, ſi elle n'étoit réparée & ſupléée par les profits, devoit, en cas qu'elle excédât les profits, être ſupportée par le Bailleur, qui étoit pour le total Propriétaire du cheptel, les choſes devant être aux riſques de ceux à qui elles appartiennent, *res perit Domino*; c'eſt cette autorité de Coquille qui a induit en erreur l'Auteur des Conférences, & les autres Caſuiſtes; mais quelque reſpectable que ſoit l'autorité de Coquille, elle n'eſt ſur cette queſtion rien moins que

décifive. 1°. Cet Auteur convient que fon opinion eft une opinion finguliére, & que l'interprétation qu'il donne à fa Coûtume, eft une interprétation contraire à celle qu'on y avoit toujours donnée jufqu'alors. La Thomaffiere au lieu ci-deffus cité la combat & établit, qu'elle n'a pas été fuivie dans la Pratique. 2°. Coquille pour foutenir fon opinion, eft obligé de donner la torture au Texte de la Coûtume. Suivant lui, ces termes de la Coûtume, *eft le péril ou perte commun*, doivent s'entendre en ce fens, que chacun doit fupporter la perte pour la part qu'il a dans le cheptel; que le Preneur n'ayant part que dans les croîts & profits, il ne doit fupporter pour fa part que la perte qui arrive fur les croîts, & non fur celle qui arrive fur les bêtes qui font le fond du cheptel, dans lequel fond le Preneur n'a rien. Cette interprétation forcée eft démentie par l'article 4. qui fuit: *Auffi eft le péril dudit beftail commun entre lefdits Preneur ou Bailleur, tout ainfi que le croift & profit qui en procéde.* Peut-on dire plus formellement que ce n'eft pas feulement le péril du croift & profit qui eft commun entre le Preneur & le Bailleur, mais que le péril *du beftail*, c'eft-à-dire des bêtes qui compofent le fond du cheptel, eft pareillement commun entr'eux. 3°. Coquille

n'appuye son opinion sur aucun raisonne-
ment solide : on ne sçait ce qu'il veut dire
lorsqu'il dit, que ce seroit une société
leonine, si on faisoit supporter au Preneur une part de la perte du fond du cheptel, qui appartient en entier au Bailleur :
on appelle société leonine, suivant la Loi
29. §. 2. *ff. pro soc.* celle par laquelle un
des associés seroit sujet à porter sa part
de la perte, sans qu'il pût jamais avoir
part au profit ; mais dans notre Contrat
de cheptel, le Preneur n'étant sujet à porter sa part de la perte, que parce qu'on
lui accorde une pareille part dans le profit, on ne peut pas dire qu'il renferme
une société leonine. Le seul argument sur
lequel Coquille appuie son opinion, est
de dire que les choses doivent être aux
risques de ceux à qui elles appartiennent,
& que *res perit Domino* ; nous avons au
Paragraphe précédent répondu à cet argument, d'une maniere que nous croyons
satisfaisante : nous y renvoyons.

18. Nous pouvons encore rapporter,
pour autoriser notre Contrat de cheptel
simple à moitié de profit & de perte, l'autorité d'une ancienne Coûtume de Bergerac, rédigée en Latin. Voici comme elle
s'explique : *Si contingat aliqua de dictis
animalibus seu omnia mori, & hoc sit sine
culpâ nutritoris, dictus nutritor non tenetur*

de morte animalium ; sed dumtaxat restituet Domino medietatem sui CABAL ; si autem moriantur ob culpam nutritoris aut ejus familiæ, nutritor Domino restituere tenebitur CABAL.

Les autres Coûtumes n'ont aucune disposition qui autorise, ni qui proscrive notre cheptel simple à moitié de profit & de perte.

§. I I I.

Si le Contrat de cheptel simple à moitié de perte & de profit, est licite dans tous les Pays.

19. Quoique le Contrat de cheptel dont nous traitons, par lequel le Preneur a part à la perte, comme au profit, soit équitable & licite non seulement dans le ressort des Coûtumes qui l'ont expressément autorisé, telles que sont celles de Berry, de Bourbonnois & de Nivernois ; mais même dans plusieurs autres Provinces où il est en usage, quoique les Coûtumes de ces Provinces ne s'en soient pas expliquées, telle qu'est la Province de Sologne, tant Orléanoise que Blésoise ; il n'en faut pas conclure qu'il soit de même équitable & licite dans tous les autres Pays : l'équité de ce Contrat dépend des différentes circonstances des lieux : dans les Provinces

abondantes en pâturages, où la nourriture du beftail qu'on donne au Preneur à garder & à nourrir lui coûte peu, & où il en eft fuffifamment payé par les laitages, fumiers & labeurs des animaux, on peut licitement & fans bleffer l'équité, charger le Preneur de la moitié du rifque de la perte qui peut arriver par des cas fortuits fur le cheptel, en lui donnant pour le prix de ce rifque la moitié dans les profits que les Parties efpérent faire, tant par les laines, que par les croîts & la mélioration des bêtes, dans lefquels profits il n'auroit pas droit fans cela d'avoir aucune part.

Au contraire, dans les Provinces où il y a peu de pâturages, où la nourriture du beftail eft très-couteufe au Preneur à qui on le donne à nourrir; & où en conféquence la moitié de tous les profits que le Preneur perçoit, eft à peine le prix de fes fraix de nourriture & de garde; on convient que dans ces Provinces, la convention par laquelle on le chargeroit d'une partie du rifque de la perte qui peut arriver fur le fond du cheptel par des cas fortuits, feroit une convention injufte & illicite, parce qu'il ne recevroit rien pour le prix de ce rifque dont on le chargeroit.

20. L'équité du Contrat de cheptel

simple à moitié de perte & profit, étant dépendante des différentes circonstances des différents lieux, on ne peut pas conclure de ce que ces Contrats seroient réprouvés dans quelques Provinces, ils ne pussent être licites & équitables dans les Provinces dans lesquelles ils sont admis par les Loix municipales, & dans celles dans lesquelles les mêmes raisons qui les ont fait admettre se rencontrent.

Cela répond aux autorités des Conciles de Milan & de Bordeaux, tenus dans le seizieme siécle, que l'Auteur des Conférences allégue pour son opinion ; car quand même nos Contrats de cheptel simple à moitié de perte & profit, ne seroient pas licites dans les Provinces où se sont tenus ces Conciles, il ne s'ensuivroit pas qu'ils ne pussent l'être dans les nôtres. D'ailleurs je ne voudrois pas être garant de l'exactitude des décisions de ces Conciles sur les régles des Contrats, cette matiere étant plus du ressort des Jurisconsultes, que des Théologiens qui ont formé les décisions de ces Conciles.

Par exemple : dans le Concile de Bordeaux, cité par l'Auteur des Conférences, on trouve au Titre *De Contractibus illicitis*, un Canon, qui suivant un ancien préjugé, proscrit comme usuraires les Contrats de constitution de rente, lorsque la rente n'eſt pas aſſignée par le Conſtituant ſur un certain héritage, dont le revenu égale au moins la rente : néanmoins il n'eſt pas douteux aujourd'hui qu'on peut licitement conſtituer des rentes à prix d'argent, ſans qu'elles ſoient aſſignées ſur aucun fond d'héritage.

On trouve encore au même Titre ce Canon : *Ne in ſocietate, in qua alter pecuniam confert, alter operam, lucrum aliter quam ex æquis partibus dividatur.*

Il eſt évident que cette déciſion eſt au-moins louche, & qu'elle ne doit avoir lieu que dans le cas auquel, le prix des ſervices que l'un des aſſociés doit rendre à la ſociété, eſt d'égale valeur à l'argent ou au prix des marchandiſes que l'autre aſſocié y apporte : mais ſi ces ſervices ſont d'une valeur moindre ou plus forte que ce que l'autre aſſocié y apporte, le profit ne doit pas ſe partager par portions égales, mais la portion de chacun des aſſociés doit être proportionnée à ce que chacun a conféré à la ſociété.

§. I V.

Si notre Contrat de cheptel est licite à l'égard de toutes sortes d'animaux.

21. Dans les Provinces dans lesquelles le Contrat de cheptel simple à moitié de perte & de profit, est approuvé, il ne l'est qu'à l'égard des bêtes qu'il est d'usage de donner de cette maniere à cheptel, telles que sont les bêtes à laine, les chevres, les bêtes aumailles, c'est-à-dire, les bœufs, vaches, chevaux & jumens.

C'est pourquoi la Thomassiere en sa Préface sur le Titre des cheptels, décide que dans la Coûtume de Berry, qui autorise le cheptel simple à moitié de perte & de profit, à l'égard des bêtes à laine & aumailles, un cheptel de porcs, qui seroit fait pareillement à moitié de profit & de perte, y seroit illicite : il rapporte une Sentence du Présidial de Bourges qui l'a jugé tel : la raison est que la nourriture de ces animaux dont on charge le Preneur, étant très-coûteuse, & la moitié des croîts qu'on lui donne étant en conséquence à peine suffisante pour le récompenser des frais de garde & de nourriture, cette moitié du croît ne peut plus payer le Preneur du prix du risque de la perte du cheptel par cas fortuits, dont on le chargeroit pour moitié : or il n'est pas juste que le Bailleur, que ce risque concerne en entier comme Propriétaire du cheptel, s'en décharge pour moitié sur le Preneur, sans payer au Preneur le prix de ce risque.

22. La Thomassiere observe, que si dans le cheptel de porcs, le Bailleur fournissoit une partie considérable de la nourriture, le Preneur pourroit être licitement chargé pour moitié du risque de la perte par cas fortuits ; parce que le Preneur n'ayant plus à fournir qu'une part de la nourriture, la moitié des croîts pourroit en ce cas être suffisante pour le payer, tant de cette part de la nourriture, que du risque dont on le charge.

Même dans le cas auquel ce Preneur fourniroit seul la nourriture, le Preneur pourroit encore être licitement chargé de ce risque, s'il en étoit payé d'ailleurs ; *puta*, en augmentant sa portion dans les croîts, & lui en donnant les deux tiers au lieu de la moitié ; ou bien encore mieux, si le Bailleur abandonnoit à la société le fond du cheptel, en ne se réservant point la faculté d'en prélever la valeur lors du partage à la fin du Bail.

23. Le même Auteur observe, que le cheptel de porcs à moitié de perte &

profit, qui est réprouvé lorsque le Preneur n'est pas le Métayer du Bailleur, doit au contraire être exécuté. & ne peut être critiqué, lorsqu'il est fait à un Métayer par le Bail d'une Métairie : parce que le cheptel en ce cas fait partie du Bail à ferme de la Métairie, & que le risque dont le Fermier se charge pour moitié, fait partie du prix de la Ferme, qui sans cela auroit pu être affermée davantage.

ARTICLE III.

Des conventions qui sont réprouvées dans les Contrats de cheptel.

24. Les Coûtumes proscrivent comme inique dans un Contrat de cheptel la convention par laquelle le Preneur seroit chargé pour le total du risque de la perte qui peut arriver par les cas fortuits. Celle de Berry, art. 11. s'en explique ainsi : » tous Contrats de bêtes à cheptel, du- » quel le Bailleur doit prendre profit & » émolument du fruit, s'il est dit en iceux » que les bêtes seront aux périls & fortu- » nes du Preneur entierement, & que le » cas fortuit advenant sur icelles sera sou- » tenu du tout par icelui Preneur, sont » réputés nuls comme illicites. »

25. Le Contrat de Chetel eſt inique, non-ſeulement lorſqu'on fait porter au Preneur toute la perte; mais même lorſqu'on lui en fait porter une plus grande part que celle que la Coûtume lui fait porter; à moins qu'il n'en ſoit récompenſé d'ailleurs par une plus grande part qu'on lui accorderoit dans le profit.

Par exemple : ſi dans le Berry, ou dans le Nivernois, & dans les Provinces où l'uſage a adopté la diſpoſition de ces Coûtumes, qui font porter au Preneur la moitié de la perte lorſqu'il y en a, de même qu'il a la moitié du profit lorſqu'il y en a, il étoit ſtipulé par le Contrat de cheptel que le Preneur en ſupporteroit les trois cinquiemes ou les deux tiers, le Contrat ſeroit inique & ne devroit pas être éxécuté. C'eſt ce qui eſt décidé par l'article 15. de la Coûtume de Nivernois, par lequel cette Coûtume, après avoir réglé dans les articles précédents ce qui doit être pratiqué dans le Contrat de cheptel dit : » s'il y a autres convenances que » les deſſus dites, par leſquelles il y ait » *inéga'ité de profit & dommage*......leſ- » dites convenances ſont réputées illici- » tes, & les Bailleurs punis comme uſu- » riers. »

Mais ſi le Preneur, à qui par le Contrat on feroit porter dans la perte, une part plus grande que celle que la Coûtume fait porter aux Preneurs, en étoit récompensé par une part pareille qu'on lui accorderoit dans le profit, le Contrat ne renfermeroit aucune injuftice.

Par exemple : fi le Contrat qui fait fupporter au Preneur les deux tiers dans la perte, lui accordoit les deux tiers dans le profit, le Contrat ne contiendroit aucune injuftice. L'article 15. de la Coûtume de Nivernois que nous avons rapporté ci-deffus, ne condamne que *l'inégalité de profit & de dommage.*

26. *Vice verfâ.* Le Contrat, par lequel en chargeant le Preneur de la moitié de la perte, dont la Coûtume le charge, on lui retrancheroit quelque chofe de la moitié qu'elle lui accorde dans le profit, feroit un Contrat inique ; car la Coûtume par l'article ci-deffus rapporté reprouve toute *inégalité de profit & de dommage.*

Par exemple : ce feroit une claufe illicite, s'il étoit dit que le Preneur n'auroit que les deux cinquiemes du profit, & porteroit néanmoins la moitié de la perte, s'il y en avoit.

Ce feroit pareillement une claufe illicite, s'il étoit dit que le Preneur feroit obligé de céder fa part dans les reifons au Bailleur pour un prix qui feroit au-deffous du jufte prix.

Il y auroit pareillement iniquité dans le Contrat de Cheptel, si on retranchoit au Preneur quelque chose des profits du laitage, fumiers & labeurs des bêtes qui lui sont accordés par les Coûtumes pour les frais de nourriture & de garde : selon ce principe, les clauses par lesquelles le Bailleur stipule que le Preneur lui donnera une certaine quantité de fromages, ou de livres de beurre, ou quelques charretées de fumier, sont des clauses illicites.

27. Le Contrat est encore illicite, lorsque le Bailleur se réserve de prélever au partage à la fin du Bail quelque chose de plus que la valeur du cheptel qu'il a fourni, suivant la prisée qui en a été faite lors du Contrat ou quelque chose de différent.

Par exemple : s'il étoit dit que le Bailleur pourroit à son choix prélever ou le montant de la prisée, ou le même nombre de bêtes qu'il a apporté, sans faire raison au Preneur de ce qu'elles vaudroient de plus, que lors du bail ; cette convention est manifestement injuste : car en prélevant ainsi en nature le nombre des bêtes qu'il a fournies, il auroit l'augmentation du prix, survenue depuis le Contrat sur le prix de ces bêtes, sans être exposé à souffrir, dans le cas contraire, la diminution du prix des bêtes, pouvant prendre la valeur entiere de la prisée qui en a été faite lors du Contrat.

28. La Thaumassiere pense que toutes les clauses illicites que nous venons de rapporter, ne le sont que dans les Contrats de cheptel qui ne sont pas *cheptels de métairie*; mais que dans les Contrats *de cheptel de métairie* qui interviennent entre un Propriétaire de métairie & son Fermier, & qui font partie du Bail à ferme de la métairie, le Preneur n'est pas écouté à s'en plaindre, & est obligé de les exécuter; parce qu'on l'en doit présumer indemnisé par les conditions du Bail à ferme de la métairie, le Bailleur étant censé avoir pour cela affermé la Ferme pour un prix moindre, pour lequel il eût pu l'affermer.

Cet Auteur dit l'avoir fait juger par une Sentence du Présidial de Bourges, infirmative de celle d'Issoudun dans l'espece d'une clause, par laquelle le Bailleur, par le Bail à ferme fait à son Métayer, se réservoit de prélever à la fin du Bail à son choix, ou le même nombre de bêtes, sans faire raison de leur plus value, ou la prisée.

Suivant ce principe, il décide sur l'article onzieme de sa Coûtume, que le Bail à cheptel, par lequel on fait supporter toute la perte au Preneur, est valable, lorsqu'il fait partie du Bail de la métairie.

Cette décision me paroît souffrir beaucoup de difficulté, surtout lorsqu'un Fermier eſt un Fermier partiaire, à qui par le Bail on n'aſſigne que la part ordinaire qu'il eſt d'uſage dans le Pays d'aſſigner au Fermier dans les fruits : car on ne peut pas dire en ce cas qu'il a été indemniſé du riſque qu'on lui fait ſupporter.

A l'égard de la clauſe, par laquelle le Bailleur exigeroit du Preneur du beurre ou des fromages, il n'eſt pas douteux qu'elle n'eſt défendue que dans les Baux à cheptel, qui ne ſont pas cheptels de métairie : la Coûtume de Nivernois la permet bien formellement dans ceux qui ſe paſſent entr'un Maître de métairie & ſon Métayer ou Fermier ; car après avoir dit en l'art. 4. que *les graiſſes, labeurs, laitages des bêtes appartiennent au Preneur*, elle ajoute, *hormis en métairie, dont ſera uſé comme l'on a accoûtumé, & qu'il ſera convenu.*

29. La Thaumaſſiere dit avoir vu mettre en queſtion, ſi le Contrat de cheptel étoit licite, par lequel un Laboureur après avoir vendu à un Marchand un fond de beſtail pour une ſomme qui lui étoit payée comptant, prenoit incontinent le même fond de beſtail à titre de cheptel du Marchand, à qui il venoit de le vendre ? Des perſonnes qui croient appercevoir de l'uſure partout, penſoient que ces Contrats renfermoient un prêt uſuraire déguiſé de la ſomme comptée par le Marchand au

Laboureur, dont le Marchand retiroit les intéréts jusqu'à ce qu'il en fut payé, en la prélevant à la fin du Bail lors du partage du cheptel. Il a été jugé au contraire par un Arrêt de 1615, que la Thaumaffiere rapporte, qu'il n'y avoit rien d'illicite dans ce Contrat ; on ne peut pas dire qu'il contienne un prêt déguifé ; puifque le Marchand qui a compté la fomme, peut n'en avoir pas en entier la répétition, ce qui arriveroit en cas de perte du cheptel.

A R T I C L E I V.

Des obligations qui naiffent du Contrat de cheptel fimple, & du droit de fuite.

Par le Contrat de cheptel les Parties contractent l'une envers l'autre des obligations réciproques. Nous traiterons dans un premier Paragraphe de celle du Bailleur ; dans un fecond, de celle du Preneur : nous traiterons dans un troifieme Paragraphe, du droit de fuite que les Coûtumes accordent au Bailleur.

§. I.

De l'obligation du Bailleur de faire jouir le Preneur.

30. Le Bailleur par le Contrat de cheptel contracte envers le Preneur, l'obligation de le faire jouir du cheptel pendant le temps que doit durer le Bail.

Lorsque ce Bail a été fait par un Maître de métairie à son Fermier ou Métayer, le Bail à cheptel est censé fait pour le temps que doit durer le Bail de la métairie.

A l'égard des autres Baux à cheptel simple, lorsque le temps que doit durer le Bail n'a pas été exprimé, il est de trois ans, suivant l'article premier de la Coutume de Berry; & si après l'expiration des trois années, quinze jours se passent sans que l'une ni l'autre des Parties demande le partage, il se fait, suivant ledit article, une tacite réconduction jusqu'au jour de Saint Jean suivant.

31. Le Bailleur n'est obligé de laisser jouir le Preneur du cheptel, qu'autant que le Preneur en jouit en bon père de famille : si le Bailleur étoit en état de justifier que le Preneur en mesuse & le laisse dépérir, il pourroit demander la résolu-

tion du Bail à cheptel, & la reſtitution de ſon cheptel, enſemble ſes dommages & intérêts, de même que tout Conducteur doit être privé de la jouiſſance de la choſe qui lui a été louée, lorſqu’il en meſuſe.

32. L’obligation que contracte le Bailleur, de faire jouir du cheptel le Preneur pendant le temps du Bail, lorſqu’il n’en meſuſe pas, non-ſeulement l’empêche de le retirer avant la fin du Bail, mais elle l’oblige encore à défendre le Preneur contre les tiers qui apporteroient du trouble à ſa jouiſſance : le Bailleur doit à cet égard la même garantie qu’un Locateur doit au Conducteur par le Contrat de louage, & que nous avons expliquée dans notre Traité du Contrat de louage, *Part. 2. ch. 1. Sect. 2.*

C’eſt pourquoi ſi un tiers ſe prétendant Propriétaire des beſtiaux que vous m’avez donné à cheptel, avoit formé la demande contre moi pour les lui délaiſſer ; je ferois bien fondé à former contre vous l’action, pour que vous ſoiez tenu de faire ceſſer le trouble, ſinon condamné en mes dommages & intérêts ; cette action eſt l’action *præſcriptis verbis*, qui naît de l’obligation que vous avez contractée par le Bail à cheptel de me faire jouir.

Par la même raiſon, il n’eſt pas douteux, que ſi les Créanciers du Bailleur avoient pour les dettes du Bailleur, saisi & exécuté les bêtes qu'il a baillé à cheptel, le Preneur troublé dans sa jouissance par cette saisie a action contre le Bailleur, pour qu'il lui en rapporte main-levée.

33. Mais c'est une question, si le Preneur n'est pas fondé à former lui-même opposition à la saisie, & à demander que les bêtes ne puissent être vendues, qu'à la charge par l'Adjudicataire d'entretenir le Bail à cheptel? Coquille, qui propose cette question à la fin de son Commentaire sur l'article 16. du T. des cheptels de la Coûtume de Nivernois, la décide pour l'affirmative. Sa raison est, que les Créanciers du Bailleur ne peuvent pas avoir plus de droit dans le cheptel, que n'en a le Bailleur leur débiteur; ils ne peuvent pas plus que le Bailleur, par la saisie & la vente qu'ils en font, priver le Preneur de la jouissance du cheptel pendant le temps du bail; ce droit qu'a le Preneur de jouir du cheptel, étant, selon Coquille, un droit qu'a le Preneur *in re ipsâ.*

Au contraire, la Thaumassiere en sa Préface sur le Titre des cheptels de la Coûtume de Berry, décide que les Créanciers du Bailleur peuvent, sans attendre la fin du Bail, saisir & vendre les bêtes du cheptel qui appartiennent au Bailleur

leur débiteur ; que le Preneur ne peut y former opposition, que pour la part qu'il a dans les croîts & profits, s'il s'y en trouve alors ; sauf au Preneur son action en dommages & intérêts contre son Bailleur.

La raison de sa décision est, que le Bailleur demeure Propriétaire du cheptel ; que l'obligation qu'il contracte envers le Preneur de l'en faire jouir, n'est de même que celle qui résulte d'un Bail à loyer ou à Ferme, qu'une obligation personnelle, laquelle selon la nature des obligations personnelles, ne donne au Preneur, envers qui elle est contractée, qu'une créance & une action personnelle contre le Bailleur & ses héritiers, & ne lui donne aucun droit dans la chose qui fait l'objet de l'obligation : le Preneur n'ayant aucun droit dans le cheptel, ne peut donc être fondé à s'opposer à la saisie qui en est faite par les Créanciers du Bailleur à qui le cheptel appartient, ni empêcher la vente. La décision de la Thaumassere me paroît plus conforme aux principes du droit.

Observez que si les bestiaux qu'un Laboureur tient à cheptel d'un étranger, se trouvoient dans une métairie que le Laboureur tient à Ferme ; le Propriétaire seroit bien fondé, dans nos Provinces, à s'opposer à la saisie qu'en auroient faite les Créanciers du Bailleur, & à en demander la main-levée ; car ces beftiaux qui garniffent la métairie, devant répondre des obligations du Bail de la métairie, & d'ailleurs étant néceffaire pour fon exploitation, le Propriétaire de la métairie a droit d'empêcher qu'ils n'en foient déplacés.

34. Une feconde efpece d'obligation que le Bailleur contracte par le Contrat de cheptel, eft celle de partager avec le Preneur ce qu'il y a à partager entr'eux, foit après la fin du Bail, foit même durant le Bail : nous remettons à en parler dans l'art. fuivant, où nous parlerons du partage du cheptel.

§. I I.

Des obligations du Preneur.

Premiere efpece d'obligation du Preneur.

35. Le Preneur par le Contrat du cheptel, s'oblige d'apporter à la garde & au gouvernement du bétail qui lui eft confié, le foin d'un bon pere de famille.

C'eft pourquoi fi par fa faute, ou par celle de fes pâtres, quelque bête du cheptel avoit reçu quelque dommage, il feroit

tenu à cet égard des dommages & intérêts du Bailleur.

L'espece de faute dont il est tenu, est
la faute legere, comme dans le Contrat
de louage, & dans celui de société; le
Contrat de cheptel étant de même que
ces Contrats, un Contrat qui se fait pour
l'intérêt réciproque des Parties.

Seconde espece d'obligation.

36. Le Preneur ne doit divertir, ni
vendre aucune des bêtes du cheptel, à l'insçu & sans le consentement du Bailleur :
c'est ce qui lui est expressément défendu
par l'article 7. de la Coûtume du Berry,
qui dit : » les Preneurs ne peuvent vendre
» les bêtes par eux prinses, soit à cheptel,
» moitié ou autrement, si n'est du vouloir
» & consentement exprès du Bailleur; &
» s'ils font le contraire, font amandables
» envers Justice, à la discrétion d'icelle,
» & font aussi tenus aux Maîtres en tous
» leurs dommages & intérêts. »

Cela a lieu quand même les bêtes seroient vieilles, de maniere qu'il fût de
l'intérêt de la société qu'elles fussent vendues & remplacées; le Preneur, même en
ce cas, ne peut le faire que de concert avec
le Bailleur. Si le Bailleur refusoit d'en
consentir la vente, le Preneur devroit
l'assigner

l'affigner pour le faire ordonner par le Juge : il pourroit même prétendre des dommages & intérêts contre le Bailleur, fi le Bailleur par fon refus avoit laiffé paffer le temps de la vente.

S'il paroiffoit que pendant un temps confidérable, le Maitre a fouffert que fon Métayer vendit les vieilles bêtes, fans le confulter, je penfe qu'il devroit être cenfé perféverer dans cette tolérance, jufqu'à ce qu'il le lui eût défendu expreffément, & qu'en conféquence il ne devroit pas être écouté à faire caffer le marché qui auroit été fait par fon Fermier feul.

37. Quoique cet article ne parle que des bêtes *prinfes à cheptel*, c'eft-à-dire, de celles qui compofent le fond du cheptel, néanmoins le Preneur ne peut pas non plus vendre les croîts fans le confentement du Bailleur, avant que le partage en ait été fait : la Thaumaffiere fur l'art. 3. attefte que c'eft l'ufage.

Mais fi après avoir pris dans les croîts les bêtes néceffaires pour remplacer ce qui manquoit dans le fond du cheptel, le furplus des croîts a été partagé entre le Preneur & le Bailleur, le Preneur peut feul difpofer comme bon lui femble des bêtes de croît qui lui font échues pour fa part.

38. Le Preneur ne peut pas non plus

difposer des laines, fans le confentement du Bailleur, avant que le partage en ait été fait : mais s'il a partagé les toifons avec le Bailleur, il peut difpofer de fa part comme bon lui femble.

39. Il eft furtout défendu au Preneur de tirer de la laine des bêtes avant le tems de la tonte : l'article 5. de la Coûtume du Berry dit : » le Preneur de bêtes à chep- « tel, moitié, ou autrement, ne peut avant » le tems qu'elles doivent être tondues, » en tirer, ne prendre aucunement la lai- » ne, & attendra le temps qu'elles doi- » vent être tondues, & après qu'elles fe- » ront tondues, partiront la laine égale- » ment. »

L'article 6. ajoute : » toutesfois, fi en » autre temps qu'à la faifon qu'on a ac- » coutumé tondre les bêtes, étoit befoin, » pour la fanté & entretenement defdites » bêtes, leur ôter & prendre de la laine » en aucuns endroits, lefdits Preneurs » le pourront faire, en le dénonçant au » Bailleur. » On appelle ces laines des écouailles.

Ces difpofitions de Coûtume, qui n'é- toient pas exactement obfervées par les chepteliers, ont été confirmées par des Lettres-patentes en forme de Réglement, du mois d'Août 1739. regiftrées en Parle- ment, dont nous avons tranfcrit ici le dif-

poſitif. Il porte : *Voulons que les Articles V.
& VI. du Titre XVII. de la Coûtume de
Berry, soient éxécutées dans toute l'étendue
des lieux régis par ladite Coûtume ; & en
conséquence, faiſons très - expreſſes inhibi-
tions & défenſes à tous Fermiers, Métayers,
Chepteliers & autres Preneurs de bêtes à laine, à moitié ou autrement, de prendre ſur
leſdites bêtes aucune laine avant le temps
auquel elles doivent être tondues en entier,
à peine contre chacun des Contrevenants, de
vingt livres d'amende, & de dix ſols de dommages - intérêts envers le Propriétaire, pour
chaque bête à laine qui auroit été tondue en
contravention des Préſentes ; leur faiſons pa-
reilles défenſes, ſous les mêmes peines, de
s'attribuer par préciput aucunes laines ſous
le nom d'écouailles, ou ſous quelque déno-
mination que ce puiſſe être, leſquelles ſeront
partagées entre les Preneurs & les Bailleurs,
ainſi que les autres laines à proportion de la
part que chacun y doit avoir ; défendons
auſſi à tous Preneurs de bêtes à laine, à moitié ou autrement, même aux Propriétaires,
de vendre ou expoſer en vente aux marchés,
foires, & dans les maiſons particuliéres, aucunes écouailles avant le dix du mois de Juin
de chaque année, à peine de pareille amende
que deſſus, & de confiſcation deſdites écouailles au profit de l'Hôpital le plus voiſin,
préalablement déduits les frais de ſaiſie &*

éxécution, & payement des impofitions de celui à qui lefdites écouailles fe trouve ont appartenir, auxquelles peines, voulons pareillement que foient fujets & condamnés les Drapiers, Bonnetiers, Cardeurs & autres Fabriquants ou Trafiquants en laine, chez qui fera trouvé des écouailles, avant ledit temps, à moins qu'elles ne foient de l'année précédente, ou provenues des bêtes, dont ils feroient eux - mêmes Propriétaires. Ordonnons qu'en cas que pour la fanté & entretenement des bêtes à laine, avant le temps ordinaire de la tonte, les Preneurs ne puiffent le faire qu'en le dénonçant au Propriétaire, & de fon confentement, à l'effet de partager entr'eux lefdites laines tirées avant ledit temps, letout fous les mêmes peines de vingt livres d'amende, & dix fols de dommages & intérêts par chaque bête à laine envers le Propriétaire d'icelle. Si donnons en Mandement, &c.

§. I I I.

Du droit de fuite.

40. Nous avons vu au paragraphe précédent, que la Coûtume de Berry défendoit au Preneur de vendre & divertir, de quelque maniere que ce foit, aucune bête du cheptel, fans le confentement exprès

du Bailleur; s'il le fait, la Coûtume en l'article 8. donne au Bailleur le droit de fuite, tant contre ceux qui les auroient achetées, que contre ceux qui s'en trouveroient en poffeffion. Voici fes termes : » & pourra au cas fufdit le Bailleur pour-
» fuivre lefdites bêtes, & les faire arrêter
» fur l'acheteur; & lui feront délivrées
» par provifion, en baillant caution, en
» faifant par lui apparoir fommairement
» qu'elles lui appartiennent : & néanmoins
» l'acheteur, s'il eft trouvé qu'il fçût que
» lefdites bêtes euffent été baillées à chep-
» tel à celui qui les lui aura vendues, fera
» puni felon droit & raifon. »

Ce droit de fuite, qui eft accordé par cet article au Bailleur, eft l'action de revendication qu'a par le droit le Propriétaire d'une chofe, contre ceux qui s'en trouvent en poffeffion.

Il paroît que les Coûtumes confidérent le cheptel ordinaire fous le fecond point de vue, fous lequel nous avons vu *fuprà* *n.* 4. qu'il pouvoit être confidéré, c'eft-à-dire, qu'elles confidérent le Bailleur, dans le cas de ce cheptel, comme Propriétaire pour le total du fond du cheptel.

En conféquence le droit de fuite & revendication des bêtes vendues eft accordé au Bailleur par cet article indéfiniment, & pour le total, & non pas feulement pour la moitié.

41. On a demandé, fi le Bailleur avoit le droit de fuite pour les croîts que le Preneur a vendu, comme il l'a pour les chefs qui font le fond capital du cheptel ? La Thaumaffiere fur l'article 8. dit, que le fentiment de l'Abbe étoit que le Bailleur n'avoit pas ce droit de fuite pour les croîts, mais feulement pour les bêtes qui font le capital du cheptel; parce que l'article 8. qui donne ce droit de fuite, doit s'entendre des bêtes dont il eft parlé en l'article 7. qui le précéde, & avec lequel il a une relation exprimée par ces termes *& pourra au cas fufdit, &c.* Or les bêtes dont il eft queftion dans l'article 7. & que l'article 7. défend aux Preneurs de vendre, font les bêtes *par eux prinfes à cheptel*, c'eft-à-dire, felon l'Abbe, celles qui font le capital du cheptel; d'où il conclud que le droit de fuite n'a lieu que pour ces bêtes. La Thaumaffiere, qui rapporte cette opinion de l'Abbe, nous apprend qu'elle n'a pas été fuivie, & que ces termes de l'article fept : *par eux prinfes à cheptel*, ont été entendus dans l'ufage, non-feulement des bêtes qui font les chefs du cheptel, mais généralement de toutes celles qui le compofent ; & que fuivant l'ufage conftant de la Province, il n'eft pas plus

permis au Preneur de vendre les croîts, que les chefs, à l'infçu du Bailleur, qui a le droit de fuite pour les uns, comme pour les autres : l'opinion de l'Abbe doit être rejettée avec d'autant plus de raifon, qu'elle feroit fouvent impoffible, dans la Pratique, les croîts fe confondant avec les chefs, de maniere à ne pouvoir plus fouvent les diftinguer.

42. L'article 8. ci-deffus rapporté, ne limite point le temps dans lequel le Bailleur peut exercer ce droit de fuite : Ragueau & la Thaumaffiere difent, qu'il peut l'exercer même après plufieurs années : bien entendu pourvu qu'il n'y ait aucune circonftance qui puiffe faire préfumer un confentement tacite.

Ledit article 8. dit : *pourra faire arrêter fur l'acheteur*, il faut fuppléer, *& fur quiconque qui s'en trouvera en poffeffion* ; car le droit de fuite eft une revendication que le Bailleur fait de fes bêtes, comme à lui appartenantes, le Preneur n'ayant pu par la vente qu'il en a faite, le dépouiller de fon droit de Propriété ; or fuivant les principes de droit, la revendication s'exerce fur quiconque poffede la chofe revendiquée. *Inft. Tit. de act. in princ.*

43. Il eft à remarquer que par cet article la Coûtume n'éxige du Bailleur qu'une juftification fommaire & imparfaite de

son droit sur les bêtes par lui revendiquées, pour qu'il puisse en obtenir la restitution provisoire, en donnant caution ; ce qui a été introduit par une raison de faveur, contre la régle ordinaire qui s'observe à l'égard des demandes en revendication , dans lesquelles le Demandeur n'obtient la restitution de la chose par lui revendiquée qu'en définitif, après qu'il a pleinement justifié de son droit.

44. La Coûtume à la fin de cet article ordonne, que *s'il est trouvé que l'acheteur sçût que les bêtes eussent été baillées à cheptel à celui qui les lui a vendues, il soit puni selon droit & raison* ; car en ce cas l'acheteur est un receleur du vol qu'a commis le Preneur, en vendant les bêtes du Bailleur à son insçu.

45. Le Bailleur a le droit de suite, non-seulement dans le cas d'une vente extrajudiciaire, faite de gré à gré des bêtes du cheptel par le Preneur à son insçu ; les Coûtumes de Berry, *T.* 17. *art.* 10. & de Nivernois, *T.* 21. *art.* 16. lui accordent ce droit de suite , même dans le cas d'une vente judiciaire desdites bêtes , faite sur une saisie - exécution des Créanciers du Preneur. Voici les termes de l'article 10. de la Coûtume de Berry : » si avant le » cheptel payé, le Preneur souffre que par » exécution ou autrement, l'on vende les

» bêtes par lui prinses, sans en avertir le
» Bailleur : en ce cas ledit Bailleur a droit
» de suite sur lesdites bêtes, & les peut re-
» vendiquer, comme à lui appartenantes,
» nonobstant ladite vendition faite par
» souffrance du Preneur : & en faisant ap-
» paroir sommairement qu'elles lui appar-
» tiennent, lui seront délivrées par provi-
» sion, en baillant caution, sans que le-
» dit Bailleur soit tenu de payer aucuns
» frais de la nourriture desdites bêtes, si
» n'est depuis qu'elles auront été nourries
» aux dépens de l'acheteur de bonne foi,
» jusques au temps qu'elles auront été ar-
» rêtées par le Bailleur ; & sera le Pre-
» neur, qui a souffert ladite vente sans en
» avertir le Bailleur, amandable envers
» Justice, & condamné aux dépens, dom-
» mages & intérêts du Bailleur. »

Celle de Nivernois, dit en substance
les mêmes choses.

46. Ces Coûtumes disent, *si avant le
cheptel payé* ; car si le Preneur qui avoit
droit de demander sa part des profits du
croît & des laines, avoit pendant un certain temps laissé le Bailleur prélever tous
les profits, de maniere que le Bailleur se
trouvât par-là payé, & rempli de la prisée du cheptel, le Bailleur n'ayant plus
rien à prélever, & le cheptel appartenant
æquo jure au Bailleur & au Preneur, pour

C v

chacun moitié, les Créanciers du Preneur auroient droit en ce cas, de faisir & éxécuter le cheptel pour la moitié qui en appartient au Preneur leur débiteur, fans néanmoins pouvoir procéder à la vente, qu'après avoir fait régler le partage des beftiaux avec le Bailleur.

Si le cheptel étoit un cheptel de métairie, intervenu entre le Seigneur de métairie & fon Métayer, le Bailleur quoique rempli de la prifée du cheptel par les profits qu'il a prélevé, pourroit, en fa qualité de Seigneur de métairie, s'oppofer à la faifie qui feroit faite par les Créanciers du Preneur, de la part appartenante au Preneur leur débiteur : car en fa qualité de Seigneur de métairie, il a droit d'empêcher que les beftiaux qui fervent à l'exploitation de fa métairie, n'en foient divertis.

47. Ces Coûtumes n'obligent point le Bailleur à rendre à celui qui s'eft rendu de bonne foi adjudicataire des bêtes du cheptel, le prix qu'il a baillé pour fon adjudication ; l'adjudicataire évincé par le Bailleur, n'a d'autre voie que celle de fe pourvoir contre le faififfant, qui a touché ce prix pour fe le faire rendre, ou contre le Preneur ; les Coûtumes n'obligent le Bailleur à autre chofe, qu'à rendre à l'acheteur de bonne foi, les frais

qu'il a fait pour la nourriture des bêtes

Si cet adjudicataire avoit retiré quelque profit de ces bêtes, les frais de nourriture ne lui seroient dus, que sous la déduction du profit qu'il en auroit retiré.

Si le profit que l'adjudicataire en a retiré, excédoit les frais de nourriture, cet adjudicataire n'auroit à la vérité aucuns frais de nourriture à répéter, mais il ne sera pas tenu de rien rendre du profit qu'il a perçu ; car un possesseur de bonne foi, n'est pas tenu à la restitution des fruits, pendant qu'il a été possesseur de bonne foi ; le Bailleur n'auroit à cet égard que des dommages & intérêts à prétendre contre le Preneur qui a laissé vendre les bêtes sans l'avertir.

Suivant cet article, l'adjudicataire de bonne foi ayant été mis, par la demande ou saisie du Bailleur, en demeure de restituer les bêtes, ne peut pas répéter les frais de nourriture qu'il leur a fournies depuis qu'elles ont été arrêtées par le Bailleur.

48. Ces Coûtumes ayant accordé au Bailleur le droit de suite des bêtes de son cheptel, même sur ceux qui s'en font rendus adjudicataires sur une vente judiciaire, sans obliger le Bailleur à leur rendre le prix ; c'est une conséquence que dans ces Coûtumes le Bailleur doit avoir

le même droit à l'égard des acheteurs, qui ont acheté de bonne foi en foire les bêtes de son cheptel : car il ne peut y avoir de vente plus favorable & plus authentique que la vente judiciaire, *nec enim facile convelli debet judicialis haflæ fides* ; si donc la vente judiciaire ne met pas l'acheteur à couvert du droit de suite ; les marchés faits en foire, quelques favorables qu'ils soient, ne peuvent mettre à couvert ceux qui ont acheté en foire. Coquille sur l'article 16. est néanmoins d'avis contraire : mais son opinion n'a pas été suivie, au moins dans le Berry. La Thaumassiere, *cent.* 11. *ch.* 48. rapporte plusieurs Jugements qui établissent, que la Jurisprudence y est constante d'admettre le Bailleur à revendiquer les bêtes de son cheptel contre un acheteur qui les a acheté de bonne foi, & en foire, sans l'obliger à rendre à cet acheteur le prix qu'elles lui ont couté.

49. Dans les Coûtumes qui n'ont pas, comme celles de Berry & de Nivernois, une disposition expresse qui accorde au Bailleur, Propriétaire du cheptel, le droit de suivre & de revendiquer les bêtes de son cheptel, lorsque les bêtes ont été saisies & vendues par les Créanciers du Preneur, le Bailleur peut bien, jusqu'à la vente, s'opposer à la saisie, & obtenir la

recréance de ses bêtes : mais j'aurois peine à croire que n'ayant pas formé d'opposition, il puisse après la vente, les suivre & revendiquer sur l'acheteur judiciaire : *Nec enim convelli debet judicialis hastæ fides.*

50. Il y a plus de difficulté à l'égard des bêtes qui ont été achetées de bonne foi, sur tout lorsque c'est en foire, ou marché public ; plusieurs prétendent que le Propriétaire des choses dérobées , tel qu'est dans notre espéce le Bailleur du cheptel, ne peut se les faire rendre par un tel acheteur, qu'en lui rendant le prix qu'il a payé.

Cette opinion est ancienne , elle a été suivie par les Coûtumes de Beauvoisis rédigées par Philippes de Beaumanoir en 1283. Il y est dit au chap. 25. » se chil » qui a la chose l'achete el marchié que » mun . . . . . en cel cas, chil qui poursuit » sa chose que il perdit, ou qui li fut em » blée, ne la raura pas, se il ne rend l'ar » gent que li acheteures en paya ; car » puisqu'il l'acheta sans fraude & en mar » chié, il ne doit pas recevoir la perte de » son argent pour autrui meffait ; mais s'il » l'avoit achetée hors du marchié par » mendre prix que la chose ne vauroit, » le tiers ou la moitié, & il ne pouvoit » trouver son garant , li demandierres

» rauroit fa chofe fans l'argent de la ven-
» te payer , parce que l'en doit avoir
» grand préfomption contre chaus qui
» ainffint achatent. »

Cette opinion a été pareillement fuivie par les Coûtumes de Thouloufe, rédigées par écrit en Latin en 1285. Il y eft dit au Titre *De emptione venditione*, art. 3. *Eft ufus & confuetudo Tolofæ , quod fi aliquis emerit res mobiles in Tolofá in Carreriá * publicá vel foro . . . . . quod emptor debet recuperare pretium ab illo cujus res eft , & qui petit rem , quamvis res fit furtiva.*

Cette opinion a été fuivie par Godefroy, en fes Notes, fur la Loi feconde, Cod. *De furt.* par Coquille fur l'art. 16. du Titre des Cheptels de la Coûtume de Nivernois, par Brodeau fur l'art. 176. de la Coûtume de Paris, & par plufieurs autres.

Soefve, *cent. 2. chap.* 96. rapporte un Arrêt du 9. Décembre 1698. confirmatif d'une Sentence du Châtelet, qui a condamné le Propriétaire d'un diamant à rendre à l'Orfévre , qui l'avoit acheté de bonne foi dans fa boutique, le prix qu'il l'avoit acheté : il obferve qu'il fut rendu contre les Conclufions de M. Bignon.

* *CARRERIA, eft via lata per quam currus tranfire poffunt.*

Les Moyens fur lefquels on fe fonde pour autorifer l'acheteur de bonne foi, à exiger la reftitution du prix qu'il a payé, du Propriétaire qui reclame fa chofe, font 1°. la bonne foi de l'acheteur, qui ne doit pas fouffrir du vol qui a été fait de cette chofe, auquel il n'a pas de part, ni par conféquent perdre le prix qu'il a payé.

C'eft la feule raifon, fur laquelle paroiffent fe fonder les Coûtumes de Beauvoifis, fuivant qu'il réfulte du texte que nous en venons de rapporter : cette raifon n'étant pas fuffifante, comme nous le verrons *infrà*, d'autres y ajoutent celle-ci ; fçavoir, que celui qui a acheté en foire une chofe dérobée, a procuré en l'achetant au Propriétaire, la faculté de la recouvrer ; parce que fi le voleur n'eût pas trouvé à la vendre, il l'auroit menée plus loin, où il auroit été beaucoup plus difficile, & fouvent impoffible au Propriétaire de la recouvrer : Or dit-on cette faculté eft quelque chofe d'apprétiable, & elle devient, lorfqu'elle eft réduite à l'acte, de la valeur de la chofe même : la propriété d'une chofe que conferve celui qui l'a perdue, ou à qui elle a été dérobée, eft quelque chofe qui eft de nulle valeur, fi elle n'eft jointe à la faculté de la recouvrer ; fi donc on m'a dérobé une chofe de valeur de dix écus, je fouffre une diminution de dix écus dans mes biens, tant que je n'ai pas la faculté de la recouvrer; celui qui me procure cette faculté, fait rentrer dans mes biens cette valeur de dix écus, il m'enrichit de dix écus; mais comme en me procurant la faculté de recouvrer ma chofe par l'achat qu'il en a fait, il lui en a couté quelque chofe, fçavoir, le prix qu'il a payé pour l'achat; je dois lui rendre ce prix; l'équité ne permettant pas que je fois enrichi à fes dépens : *Jure naturæ æquum eft neminem cum alterius detrimento locupletari*. L. 206. ff. De Reg. Jur.

En cela, dit-on, les chofes mobiliaires font différentes des héritages ; lorfqu'un Propriétaire revendique fon héritage fur un acheteur de bonne foi, qui s'en trouve en poffeffion, il n'eft pas obligé de lui rendre le prix de fon achat; car mon héritage, dont j'ai perdu la poffeffion, ne pouvant changer de place, on ne peut pas de même dire, que l'achat que quelqu'un en a fait, m'en a procuré, ni même facilité le moins du monde la faculté de le recouvrer.

On tire auffi argument pour cette opinion, de la Loi 6. ff. *De capt.* où il eft dit, que celui qui avoit racheté des barbares une captive, devoit être rembourfé du prix du rachat par le fisc, à qui cette captive appartenoit, & devoit être rendue, ayant été condamnée avant sa captivité, à travailler à perpétuité aux ouvrages publics.

Enfin, on fonde cette opinion sur la faveur des foires; cette faveur, dit-on, doit, pour y attirer un grand concours de vendeurs & d'acheteurs, procurer au Commerce qui s'y fait, toutes les suretés possibles; & par conséquent les acheteurs doivent être assurés, qu'en cas de reclamation des marchandises qu'ils y auront achetées, par ceux qui s'en prétendroient Propriétaires, ils ne perdront pas le prix qu'ils auront payé, & qu'ils ne seront tenus de les rendre, si on ne leur rend ce prix.

L'opinion contraire de ceux qui tiennent que le Propriétaire peut revendiquer la chose, sans rendre le prix qu'elle a couté au possesseur, quoiqu'il l'ait acheté de bonne foi, & en foire ou marché public, a aussi beaucoup de Sectateurs. L'ancienne Coûtume de Bretagne, art. 199. a suivi cette opinion. Il y est dit : » & posé qu'il » les eût acheté en foire ou marché, si ce- » lui qui auroit égaré ou perdu les mar- » chandises, les pouvoit prouver siennes, » il les auroit; & perdroit l'acheteur ce » qu'il auroit mis, sauf son recours sur ce-

» lui qui les auroit vendues. »

Cette opinion eſt fondée ſur pluſieurs Loix : la Loi 2. Cod. *De furt.* dit : *Incivilem rem deſideras ut agnitas res furtivas non priùs reddatis quàm pretium fuerit ſolutum à Dominis.* La Loi 23. Cod. *De R. vindic.* dit pareillement : *Si mancipium tuum per vim vel furtum ablatum alii ex nullâ juſtâ cauſâ diſtraxerunt , vindicanti tibi dominium , ſolvendi pretii nulla neceſſitas irrogetur.* Ces Loix ſont dans l'eſpece d'un acheteur de bonne foi, car ſi l'acheteur eût été de mauvaiſe foi, il n'y auroit pas eu lieu à la queſtion ſur laquelle ont été conſultés les Empereurs : elles décident en termes généraux , que cet acheteur n'eſt pas fondé à prétendre que le Propriétaire qui revendique ſa choſe, doive lui rendre le prix, ſans diſtinguer où il l'a achetée , ſi c'eſt dans une foire ou marché public, ou ailleurs.

La juſtice de la déciſion de ces Loix eſt évidente ; le droit de propriété que je conſerve de la choſe qui m'a été dérobée, renferme eſſentiellement le droit de la revendiquer partout où je la trouve , & de me la faire rendre par celui qui s'en trouve être le poſſeſſeur ; & c'eſt la Loi naturelle qui ne permet pas de retenir ſciemment le bien d'autrui , qui oblige ce poſſeſſeur de me la rendre , lorſque je lui ai fait connoître qu'elle m'appartenoit ; au contraire on ne peut pas affigner aucune caufe, d'où pourroit naître de ma part l'obligation de rendre au poffeffeur le prix qu'il a payé de ma chofe, à celui qui la lui a vendue : il n'eft intervenu entre nous aucun contrat, ni quafi contrat d'où pourroit naître cette obligation ; le payement qu'il a fait induement de ce prix à celui qui lui a vendu ma chofe, eft un fait qui ne peut obliger à la reftitution de ce prix, que celui qui l'a reçu induement ; mais qui ne peut pas m'y obliger, parce que c'eft un fait qui m'eft abfolument étranger.

Il eft facile de répondre aux Moyens allégués pour la premiere opinion ; à l'égard du premier, qui confifte à dire que l'acheteur ne doit pas perdre la fomme qu'il a payée, parce qu'il n'eft pas jufte qu'il fouffre du vol de cette chofe, auquel il n'a pas eu de part. La réponfe eft, que s'il ne doit pas fouffrir du vol qui m'a été fait, auquel il n'a pas eu de part, je ne dois pas non plus fouffrir de la vente qui lui a été faite induement de ma chofe, ni du payement qu'il a fait mal à propos du prix à celui qui la lui a vendue ; or fi j'étois obligé de lui rendre ce prix, c'eft moi qui fouffrirois de cette vente & du payement qu'il a fait mal à propos, dont je ne dois pas fouffrir, n'y ayant pas eu de part ; au contraire on ne peut pas dire qu'en ne lui rendant pas le prix, je le fais fouffrir du vol qui m'a été fait ; car ce n'eft pas le vol, mais c'eft l'achat qu'il a fait de la chofe volée, & le payement qu'il a fait mal à propos, qui lui ont fait fouffrir la perte de la fomme d'argent qu'il a payée ; & bien loin que ce foit moi qui lui aie fait fouffrir cette perte, c'eft lui-même qui fe l'eft procurée par fon propre fait, par le payement qu'il a fait mal à propos.

Dans les demandes en revendication d'héritages, jamais un acheteur de bonne foi, ne s'eft avifé de prétendre que le Demandeur, qui a juftifié de fon droit de propriété, dût pour la lui faire délaiffer, lui reftituer le prix qu'il a payé ; pourquoi l'acheteur d'une chofe mobiliaire auroit-il plus de droit ?

A l'égard du fecond Moyen, qui confifte à dire que le voleur eût emmené la chofe plus loin, fi elle n'eût pas été achetée ; que l'acheteur par l'achat qu'il en a fait, ayant procuré au Propriétaire la faculté de la recouvrer, le Propriétaire doit le rembourfer de ce qu'il lui en a couté pour cet achat. Ce raifonnement péche par le principe ; il eft faux que ce foit l'achat que l'acheteur a fait de la chofe qui m'a été volée, qui m'ait procuré la faculté de la recouvrer; j'avois cette faculté avant l'achat, & indépendamment de l'achat qu'il en a fait, puisque je pouvois la revendiquer entre les mains du voleur, ou de telle autre personne que ce soit qui la lui a vendue, de même qu'entre les siennes; c'est une chose très-incertaine où le voleur eût porté la chose, si elle n'eût pas été achetée; on ne peut donc pas assurer qu'il l'eût portée dans un lieu si éloigné, qu'il m'eût été très-difficile, ou même impossible de l'y suivre; ce ne seroit tout au plus qu'une conjecture, qui ne suffit pas pour fonder l'acheteur à répéter de moi le prix que ma chose lui a couté.

Il en est autrement du cas auquel quelqu'un auroit racheté ma chose, qui avoit été prise par des ennemis. ou par des barbares; il n'a fait en la rachetant, que ce que j'eusse été obligé de faire moi-même pour la recouvrer; car j'eusse été moi-même obligé de la racheter de ces ennemis ou barbares, contre lesquels je n'avois pas d'action pour la revendiquer; il est donc juste que je rende le prix du rachat à celui qui l'a rachetée. Cela répond au troisieme Moyen, tiré de la Loi 6. ff. *De capt. & post lim.* & fait connoître la disparité entre le cas de cette Loi, & celui de la question que nous traitons.

A l'égard de l'argument tiré de la faveur des foires & de la sûreté qu'on doit procurer au Commerce qui s'y fait : la réponse est, que cette sûreté ne concerne que le libre accès qu'on doit procurer aux Marchands, pour venir à la foire avec leurs marchandises, & pour s'en retourner, la prompte expédition des contestations qui pourroient s'élever sur les marchés qui s'y font, &c. Mais cette sûreté ne doit pas aller jusqu'au point de dispenser ceux qui ont acheté dans la foire des choses volées, de les rendre au Propriétaire, s'il ne leur rend le prix qu'elles leur ont couté. C'est la réponse que donne Menoc. *præsumpt. v. 29. 12. Nundinæ sunt tutæ quoad accessum & recessum, & ne quis aliquâ in eis molestiâ afficiatur, non tamen in eo sunt privilegiatæ ut mercator non debeat cautè negotiari.*

La faveur des foires n'est donc pas suffisante, pour dispenser les acheteurs des choses volées de les rendre, si on ne leur rend le prix ; il faudroit une Loi précise qui les en dispensât ; bien plus, plusieurs Canonistes pensent que même dans les lieux où il y auroit une Loi, qui autoriseroit expressément ceux qui ont acheté en foire de bonne foi des choses volées, à s'en faire rendre le prix par les Propriétaires des choses volées ; ces acheteurs ne pourroient pas en conscience exiger des Propriétaires cette restitution du prix, parce que ces Loix étant contraires à la Loi naturelle, qui défend de retenir le bien d'autrui, elles ne doivent pas être suivies dans le for de la conscience ; c'est le sentiment d'Hostiensis, *de pœnit. & remiss.* d'Aufrerius *q.* 151. qui le décide ainsi à l'égard de l'article 3. de la Coûtume de Toulouse, qui a été ci-dessus rapporté.

Enfin, nous apprenons de M. de Cambolas 11. 5. que le Parlement de Toulouse, après avoir jugé conformément à sa Coûtume, par Arrêt du 7. Mai 1594. rendu à son rapport, en ayant depuis reconnu l'iniquité, avoit jugé le contraire par Arrêt du 7. Mai 1623.

51. Il nous reste une question de sçavoir, si le Bailleur, après que les bêtes de son cheptel vendues à son insçu, ne sont plus extantes, a encore action contre l'acheteur qui en a profité pour lui en demander le prix ? La Thaumassiere *cent.* 11. *chap.* 48. tient l'affirmative, & rapporte un jugement qui a condamné un Boucher à rendre à un particulier le prix d'une vache de son cheptel, quoiqu'il y eût trois ans que ce Boucher l'eût achetée, & qu'il l'eût consommée.

Le même Auteur en son Recueil de décisions, liv. 4. ch. 22. étend cette déci-

fion, même au cas auquel le Boucher auroit été acheteur de bonne foi, & rapporte pour fon opinion un jugement du
Préfidial de Bourges.

Je penfe au contraire, que le Boucher
qui a acheté, tué & débité la bête, ne
doit être condamné à en reftituer le prix
au Bailleur, que dans le cas auquel il auroit été acquéreur de mauvaife foi, ayant
eu connoiffance que la vache étoit une vache de cheptel, que le Preneur vendoit à
l'infçu du Bailleur ; dans cette fuppofition
il étoit fujet à la revendication du Bailleur ; car la revendication d'une chofe a
lieu, non - feulement contre celui qui la
poffède, mais auffi contre celui, qui par
dol a ceffé de la poffèder. *L.* 36. *ff. De R.
vindic.* Or ce Boucher qui, au lieu de reftituer la vache au Bailleur à qui il fçavoit
qu'elle appartenoit, l'a tuée & débitée,
a ceffé par dol de la poffèder ; il eft par
conféquent fujet à l'action de revendication du Bailleur à qui la vache appartenoit ; & faute par ce Boucher de pouvoir
la lui repréfenter, il doit être condamné
à lui en payer le prix.

Il n'en eft pas de même d'un acheteur
.de bonne foi, qui ignoroit que les bêtes
qu'il a achetées fuffent des bêtes de cheptel : lorfqu'il a ceffé de les poffèder, foit
en les revendant, foit en les confommant,

il

il ne reste au Bailleur aucune action contre lui ; il ne peut avoir contre lui l'action
de revendication, qui n'a lieu que contre
les possesseurs, ou contre celui qui a cessé
par dol de posséder ; or on ne peut pas
dire, que cet acheteur a cessé par dol de
posséder les bêtes, puisqu'on le suppose
acheteur de bonne foi. Le Bailleur ne peut
pas avoir non plus aucune action personnelle contre cet acheteur de bonne foi, pour
la restitution du prix de ces bêtes : car les
actions personnelles naissent d'une obligation ; mais d'où naîtroit cette obligation
en la personne de cet acheteur : il n'est intervenu aucun contrat, ni quasi contrat,
ni délit, ni quasi délit d'où elle puisse naître ; & on ne peut pas dire qu'elle naît de
cette régle de l'équité naturelle, qui ne
permet pas de s'enrichir aux dépens d'autrui ; car on ne peut pas dire que l'acheteur de bonne foi, en revendant ou con-
sommant les bêtes de votre cheptel qu'il
ignoroit vous appartenir, se soit enrichi
à vos dépens, puisqu'il en avoit payé le
prix.

ARTICLE V.

Du partage du Cheptel.

52. Le Bailleur & le Preneur, par le Contrat de cheptel contractent l'un envers l'autre pour le partage du cheptel des obligations refpectives; le Preneur contracte l'obligation de repréfenter toutes les bêtes qui compofent le cheptel, pour en être fait le partage, ou lorfque par fa faute il ne peut en repréfenter quelqu'une, de faire raifon du prix qu'elles vaudroient, fi elles ne fuffent pas mortes, ou perdues par fa faute.

Lorfqu'elles font mortes de maladie, ou qu'elles ont été ravies par quelqu'accident de force majeure, que le Preneur n'a pu empêcher, le Preneur eft déchargé de cette obligation.

De-là naît la queftion, fi dans l'incertitude de la caufe de la mort des bêtes, c'eft le Preneur qui doit juftifier la maladie ou autre accident de force majeure qui l'a caufée; ou fi c'eft au contraire, le Bailleur qui doit établir que les bêtes font péries par la négligence du Preneur. La Thaumaffiere *cent.* 11. *art.* 47. penfe que c'eft le Preneur qui doit être chargé de la preuve, & que pour être déchargé de son obligation, il ne suffit pas qu'il représente les peaux des bêtes.

Pareillement, si quelqu'une des bêtes étoit estropiée, ou autrement détériorée, le Preneur, suivant le sentiment de la Thaumassiere, doit justifier de l'accident de force majeure, par lequel il prétendroit que cette détérioration est arrivée ; sinon, suivant le principe de cet Auteur, elle doit être présumée arrivée par sa faute, & il en doit faire raison au Bailleur.

Ce sentiment de la Thaumassiere, est conforme à celui de Coquille sur l'art. 3. de Nivern. d'Auroux, & des autres Commentateurs par lui cités sur l'article 54. de Bourbonnois : néanmoins j'ai été informé par des Magistrats très-éclairés de la Province du Berry, que l'usage de la Province étoit, que si le Bailleur n'étoit pas en état de faire la preuve de la faute & de la négligence du Preneur, les bêtes devoient être présumées mortes par maladie ou autre accident allégué par le Preneur, lequel en conséquence étoit déchargé de les représenter, en représentant leurs peaux : cette présomption st fondée sur ce que le cas de maladie est le cas le plus ordinaire de la perte des beftiaux ; & que les Preneurs ayant un grand intérêt à la confervation des bêtes, par rapport à la part qu'ils ont dans le profit, & la perte du cheptel, le cas de négligence des Preneurs, doit être un cas très-rare.

53. Enfin, le Preneur s'oblige, dans le cas auquel lors du partage il fe trouveroit de la perte fur le cheptel, d'en fupporter la perte pour moitié, & de faire raifon de cette moitié.

Réciproquement le Bailleur s'oblige, dans le cas contraire, auquel lors du partage il fe trouveroit du profit fur le cheptel, d'en faire part pour moitié au Preneur.

54. Ce partage peut être demandé, foit par le Preneur au Bailleur, foit par le Bailleur au Preneur : chacune des Parties a le droit de l'exiger de l'autre : c'eft ce qui paroît avoir fait donner à ce partage le nom *de exig. Quafi ab exigendis rationibus.*

Ragueau, dans fon Indice donne une autre étymologie : *Romani ruftici*, dit-il, *pecudes exigere dicebant, cùm è ftabulis educebant : eductis pecudibus folvitur focietas quæ de pecore pafcendo in commune contraéla eft.*

Il faut, pour que l'une ou l'autre des

Parties puiſſe exiger de l'autre le partage du cheptel, qu'elle attende la fin du tems que doit durer le Bail à cheptel (Voyez quel eſt ce tems *ſupr. art.* 4. §. 1.) elle ne peut pas l'exiger toutesfois & quantes bon lui ſemblera, à moins qu'il n'y eût par le Bail une clauſe expreſſe qui le permit. Coquille ſur l'article 9. de la Coûtume de Nevers, & en la 85. de ſes queſtions, penſe que cette clauſe n'eſt licite & valable que lorſqu'elle eſt réciproque. La Thaumaſſiere *cent.* 11. *ch.* 44. prétend au contraire, que la clauſe par laquelle le Bailleur ſtipule la faculté d'exiger le partage toutesfois & quantes bon lui ſemblera, eſt valable, quoi qu'elle ne ſoit pas réciproque, & que pareille faculté ne ſoit pas accordée au Preneur ; il obſerve même que dans ſa Province, de ſon tems, elle ſe trouvoit dans preſque tous les baux à cheptel.

Cette déciſion de la Thaumaſſiere ne peut ſouffrir de difficulté, à l'égard des cheptels qui font partie d'un Bail de métairie ; mais dans un Bail fait par un étranger à un Laboureur, cette clauſe pourroit ſouffrir difficulté, ſi l'avantage qui réſulte de cette clauſe au Bailleur, n'étoit pas compenſé par quelqu'autre avantage qui fût fait au Preneur, & qu'on ne lui accor-

dât par le bail, que ce qu'il doit avoir
suivant la nature de ce Contrat.

Cette clause que le Bailleur pourra exiger & demander le partage du cheptel,
toutesfois & quantes il voudra, doit s'in-
terpréter *civiliter*, c'est-à-dire, de maniere néanmoins qu'il le demande *tempore
opportuno* : c'est pourquoi le Bailleur ne
pourroit, en vertu de cette clause, sans
un juste sujet, l'exiger dans le fort des
moissons ou des labourages : c'est la re-
marque que font Coquille sur l'article 9.
du Tit. 21. de Nivernois, & Auroux
sur l'article 553. de Bourbonnois : ce der-
nier cite un Arrêt du 7. Juillet 1622, qui
a jugé dans sa Coûtume, que le Bailleur ne pouvoit, en vertu de cette clause,
exiger qu'à la Saint Martin d'hyver.

55. Il y a une forme particuliére de
procéder au partage du cheptel, prescrite
par les Coûtumes de Berry, de Bourbonnois & de Nivernois; l'article 4. de celle
de Berry dit : » en cheptel, celui qui veut
» exiger après le tems conventionnel ou
» de la Coûtume passé, & qui demande
» partage, soit le Bailleur ou le Preneur,
» doit estimer & priser les bêtes ; & selon
» icelle prisée, pourra celui lequel on
» somme d'exiger, retenir lesdites bêtes,
» ou les laisser pour ledit prix à celui qui

» les a eſtimées, dedans la huitaine en ſui-
» vant : lequel Priſeur, où leſdites bêtes
» feront laiſſées pour ledit prix , ſera tenu
» payer comptant ; à ſçavoir ſi le Preneur
» les a priſes , & lui demeurent, de payer
» ledit droit de cheptel au Bailleur , & la
» moitié de ce que montera ladite priſée,
» outre ledit droit de cheptel ; & ſi elles
» demeurent au Bailleur , ſera tenu icelui
» Bailleur déduire ſon droit de cheptel ,
» & s'il y a gain , bailler la moitié d'icelui
» au Preneur. »

Suppoſons par exemple que le Bailleur a fourni au Preneur un cheptel ou fond de beſtiaux , qui par la priſée qui en a été faite lors du bail , s'eſt trouvé de valeur de douze cent livres ; ſi à la fin du tems du cheptel, l'une des Parties, *puta* , le Preneur qui aura provoqué l'autre à partage , eſtime le cheptel en l'état qu'il ſe trouve alors, valoir 2000 livres , le Bailleur a le choix de le prendre pour ce prix ; s' l n'en veut point pour ce prix, il demeure au Preneur pour ce prix qu'il y a porté : & le Preneur eſt en conſéquence tenu de payer comptant au Bailleur, 1°. 1200 ll. pour la priſée du cheptel qu'il a fourni, que le Bailleur a droit de prélever. 2°. 400 livres pour la moitié de celle de huit cent livres qui ſe trouve de profit ſur le cheptel : si au contraire le Bailleur choisit de prendre le cheptel pour le prix de 2000 livres, auquel il a été porté, il retiendra sur cette somme les 1200 livres qu'il a droit de prélever, & il devra seulement payer au Preneur la somme de 400 livres pour la moitié que le Preneur doit avoir dans le profit.

Le motif des Coûtumes qui ont préscrit cette forme, a été de procurer l'égalité par une estimation juste : la partie qui fait l'estimation a intérêt de la faire juste, ayant lieu de craindre que si elle la faisoit trop foible, l'autre partie ne prît le cheptel pour cette estimation ; & qu'au contraire si elle la faisoit trop forte, elle ne lui laissât le cheptel pour cette estimation.

Cette maniere de partager le cheptel, est très-bonne lorsque les Parties sont l'une & l'autre bien en argent comptant ; mais comme il arrive très-souvent que l'une des Parties en est dépourvue, elle a un très-grand inconvenient, & elle donne un grand avantage à celui qui a de l'argent, sur la Partie qui en est dépourvue ; car celui qui a de l'argent, en faisant une estimation du cheptel, quoique beaucoup au-dessous du juste prix, forcera l'autre partie qui ne pourra le prendre, n'ayant pas d'argent pour le payer, à le lui laisser pour ce prix inique ; c'eſt pourquoi cette manière de procéder au partage du cheptel, preſcrite par les Coûtumes, ne me paroît pas devoir être adoptée hors leur Territoire. On a même mis en queſtion, ſi dans la Coûtume de Berry, la diſpoſition de la Coûtume qui preſcrit cette forme de procéder au partage, ne devroit pas ſouffrir exception à l'égard des cheptels de métairie ; le Bailleur Propriétaire de métairie, diſoit, que ſi on ſuivoit pour le partage de ces cheptels la forme preſcrite par la Coûtume, il arriveroit ſouvent que les métairies ſeroient dégarnies de beſtiaux, ou que les Propriétaires pour les conſerver, ſeroient obligés de les porter à un prix au-deſſus de leur valeur ; car ſi c'eſt le Propriétaire qui provoque au partage à la fin d'un bail, & qui fait l'eſtimation du cheptel ; s'il ne la fait qu'au juſte prix, le Fermier ſortant, par dépit & pour dégarnir la métairie, prendra le cheptel pour ce prix ; au contraire ſi c'eſt le Fermier qui fait l'eſtimation, il la portera à un prix beaucoup au-deſſus du juſte prix ; & le Propriétaire qui a intérêt de conſerver le cheptel dans ſa métairie, pour ne la pas dégarnir, & parce que les bêtes y ont été élevées, ſe trouvera forcé de les prendre pour ce prix,

D v

quoi qu'inique, & beaucoup au-deſſus du juſte prix.

Quoique ces raiſons paroiſſent très-bonnes, néanmoins la Thaumaſſiere *cent. 11. ch. 45.* rapporte une Sentence de la Conſervatoire de Bourges, qui a jugé que la forme de procéder au partage des cheptels, preſcrite par la Coûtume, auroit lieu à l'égard des cheptels de métairie, de même qu'à l'égard des autres.

Mais les Parties peuvent, par une clauſe du bail, déroger à cette diſpoſition de Coûtume, & convenir que la priſée ſe fera par des Experts que les Parties choiſiront. La Thaumaſſiere au lieu cité conſeille aux Propriétaires de ne pas manquer de faire appoſer cette clauſe dans leurs baux.

M. Auroux des Pommiers, dans ſon Commentaire ſur l'article 553. de la Coûtume de Bourbonnois, qui eſt ſemblable à l'article de la Coûtume de Berry ci-deſſus rapporté, nous apprend que cette diſpoſition de ſa Coûtume n'eſt plus en uſage dans le Bourbonnois, ſurtout à l'égard des cheptels de métairie, & que l'uſage de cette Province, eſt aujourd'hui qu'à la fin du bail, pour parvenir au partage du cheptel, on fait une nouvelle priſée ou eſtimation par des Experts convenus par les Parties, de chacune des bêtes.

qui compofent le cheptel ; cette prifée
étant faite, le Bailleur doit prélever le
même nombre de bêtes de chaque efpece
qu'il a fourni pour compofer le cheptel,
fauf que fi par la nouvelle prifée qui en a
été faite, elles fe trouvent méliorées, &
d'un plus grand prix que lors du bail, il
doit faire raifon au Preneur de la moitié
de l'augmentation dv prix; & au contraire fi, fuivant la nouvelle prifée, les
bêtes fe trouvoient de moindre prix que
lors du bail, le Preneur doit lui faire raifon de la moitié de ce qui s'en manque :
le furplus qui eft le croîft du cheptel, fe
partage en deux lots entre le Bailleur &
le Preneur. Si le nombre des bêtes de
quelqu'efpece, fe trouve moindre qu'il
n'étoit par le bail, le Preneur doit faire
raifon de la moitié du prix de celles qui
fe trouvent de manque, fuivant la prifée
faite lors du bail.

Cet ufage de la Province de Bourbonnois, fuivant lequel le Bailleur peut lors
du partage de cheptel prélever de la maniere ci-deffus dite, le même nombre de
bêtes de chaque efpece qu'il a donné par
le bail, a été confirmé par un Arrêt du 20.
Août 1716. M. Auroux, au profit de qui
il a été rendu, le rapporte à la fin de fon
Commentaire.

Cet ufage me paroît très-régulier, &

conforme à la nature du contrat de cheptel, confidéré felon le fecond point de vue que nous avons expofé *fuprà n.* 4. & qui eft celui fous lequel il eft ordinairement confidéré ; dans le Contrat de cheptel, confidéré fous ce point de vue, le Bailleur qui donne des bêtes à cheptel, en demeure le Propriétaire : il n'accorde de part au Preneur, que dans les croîts & profits du cheptel, à la charge par le Preneur de fe charger réciproquement de la perte pour une pareille part : il eft donc jufte que lors du partage du cheptel, le Bailleur préleve les bêtes qu'il a donné à cheptel, dont il eft toujours demeuré feul Propriétaire, ou celles qui leur ont été fubftituées, & qui les repréfentent, à la charge de faire raifon au Preneur de la moitié du profit, s'il y en a.

Lorfque le bail ayant duré long-tems, & le cheptel ayant beaucoup fructifié, les mêmes bêtes d'une certaine efpece qui ont été données à cheptel, ne fe trouvent plus, & qu'il s'en trouve un beaucoup plus grand nombre de cette efpece, que celui porté par le bail ; le Bailleur doit à la verité, felon le principe d'Auroux, avoir le droit de prendre parmi les bêtes de cette efpece, un nombre de bêtes pareil à celui porté par le bail, pour les remplacer : mais aura-t-il le choix de prendre les meilleures, en offrant de tenir compte au Preneur de la moitié de ce qu'elles fe trouveront valoir de plus par la nouvelle prifée, que ne valoient celles qu'il a baillées fuivant la premiere prifée ? Je ne crois pas qu'il doive avoir ce choix, mais plutôt que le nombre des bêtes qu'il a droit de prélever, doit lui être fourni par les Experts choifis pour faire la prifée & le partage du cheptel, lefquels ne doivent lui donner ni les meilleures, ni les plus mauvaifes, mais doivent conferver l'égalité. Après cette délivrance, les Parties doivent fe faire refpectivement raifon, de ce que la prifée des bêtes données pour le remplacement, excéderoit le prix de celles données par le bail, ou lui feroit inférieure.

Lorfque le Bailleur pendant le cours du bail, s'eft payé d'une partie du prix de fon cheptel, par des prélevemens qu'il a faits fur les profits du cheptel, il eft évident que lors du partage du cheptel, il ne doit plus prélever des bêtes que jufqu'à concurrence de ce qui lui refte dû du prix du cheptel; & s'il s'étoit ainfi payé du total, il n'auroit plus de prélevement à faire.

Si au contraire au lieu de fe payer fur les profits, il avoit à fes propres dépens augmenté le cheptel, en fournif fant de nouveaux beftiaux, en ce cas il préleveroit, outre les bêtes qu'il a données par le bail à cheptel, celles qu'il a fournies depuis pendant le cours du bail.

La justice de l'usage de la Province de Bourbonnois sur la maniere de procéder au partage du cheptel, tel que nous venons de le rapporter d'après Auroux, l'ayant fait prévaloir à une disposition de la Coutume de cette Province, qui prescrivoit une forme de partager différente : à plus forte raison doit-on l'adopter dans les Provinces, telles que notre Sologne, où il n'y a ni loi, ni usage bien certain qui y ait établi une différente forme de partage.

SECTION II.

Des autres especes de Cheptels.

ARTICLE PREMIER.

Du Cheptel à moitié.

56. Quoiqu'on m'ait aſiuré que le cheptel à moitié dont nous allons traiter n'étoit plus en uſage dans le Berry ; néanmoins cette eſpece de cheptel pouvant avoir lieu dans d'autres Provinces, & les Coutumes de Berry & de Nivernois en ayant traité, il eſt à propos d'expoſer les principes de ces Coutumes ſur cette eſpece de cheptel.

57. Le cheptel à moitié eſt un vrai Contrat de ſociété de beſtiaux, à laquelle chacune des Parties contractantes fournit la moitié des beſtiaux qui la doit compoſer, pour en retirer en commun le profit.

Par ce Contrat l'une des Parties charge l'autre de la nourriture, de la garde, & du gouvernement des beſtiaux de leur ſociété.

La Partie qui en charge l'autre s'appelle le Bailleur ; celle qui en eſt chargée s'appelle le Preneur.

58. Le Preneur fournit à la société plus que le Bailleur, puisqu'outre la moitié des bestiaux qu'il apporte de même que le Bailleur, il fournit seul le logement, la nourriture & ses soins pour la garde des bestiaux; il en doit donc être recompensé : on lui laisse pour cela, 1°. les graisses, c'est-à-dire le fumier, dont il profite seul pour fumer ses terres. 2°. Tout le profit du laitage, c'est-à-dire, le lait des brébis & des vaches, sauf celui qu'il leur doit laisser lorsqu'elles ont des agneaux ou des veaux à nourrir. 3°. Les labeurs, c'est-à-dire, qu'il peut se servir des bêtes à cornes & des chevaux pour labourer ses terres.

Ces especes de profits étant la récompense de ce que le Preneur apporte à la société de plus que le Bailleur, on doit les laisser en entier au Preneur; & le Bailleur ne peut sans injustice en exiger aucune part; il doit se contenter de partager par moitié avec le Preneur, tous les autres profits qui proviennent des laines & des croits.

Lorsque ce Contrat intervient entre le Propriétaire de l'héritage & le Laboureur son Métayer, le Laboureur en ce cas ne fournissant outre sa moitié du cheptel que ses soins pour la garde des troupeaux qui le composent, lesquels se compensent avec les logis & les pâturages que le Maître fournit de son côté pour l'hébergement & la nourriture ; le profit des laitages n'est pas dû en ce cas en rigueur au Fermier seul ; & le Propriétaire peut, sans blesser la Justice, stipuler que le Laboureur lui donnera une certaine quantité de fromages, ou de livres de beurre, pour la part que le Propriétaire de métairie doit avoir dans les laitages.

A l'égard des fumiers, étant employés à fumer les terres dont les fruits se recueillent en commun par le Maître & par le Métayer, ils sont employés au profit commun des Associés ; il en est de même des labeurs des animaux qui sont employés à labourer les terres.

59. Par ce Contrat, chacune des Parties contracte envers l'autre l'obligation de garantie des bêtes qu'elle a apportée pour fournir sa part dans le fond de la société, telle que la contractent les Associés dans tous les autres Contrats de société ; c'est pourquoi en cas d'éviction de quelques bêtes apportées à la société par l'un des Associés, que des tiers qui s'en sont dits Propriétaires, & qui l'ont justifié, se font fait délaisser ; l'Associé qui les avoit apportées est tenu de les remplacer en d'autres bêtes de pareille valeur, sinon il est débiteur envers la société de la somme que valoient les bêtes dont la société a

fouffert l'éviction, & des intérêts ; & il en doit faire raifon au partage de la fociété à fon Affocié. *Voyez* notre Traité du Contrat de Société, *n.* 113.

60. Le Bailleur contraête par le Contrat de cheptel à moitié, de même que par le Contrat de Cheptel ordinaire, l'obligation de laiffer jouir de tout le cheptel le Preneur, à la charge d'en rendre compte pendant tout le tems que la fociété doit durer, fans que le Bailleur puiffe pendant tout ce tems retirer fa part, à moins que le Preneur n'en méfusât.

61. Le Preneur, de fon côté, par le Contrat de cheptel à moitié, contraête les mêmes obligations que par le Contrat de cheptel ordinaire.

Il eft tenu d'apporter le même foin au gouvernement du bétail ; il eft tenu de la même efpece de faute ; il eft compris dans la défenfe qui eft faite par l'article 5. de la Coutume de Berry aux Preneurs, de tirer des laines des bêtes avant la tonte.

62. Le Preneur de cheptel à moitié, eft auffi compris dans la défenfe qui eft faite aux Preneurs par la Coutume de Berry, art. 7. de vendre aucune bête du cheptel, fans le confentement du Bailleur. Il eft dit par cet article : » les Preneurs ne peuvent » vendre les bêtes par eux prinfes à chep- » tel, *foit à moitié ou autrement,* fi n'eft

» du vouloir & confentement exprès du
» Bailleur, &c. » Cela eft conforme aux
principes généraux du Contrat de fociété, fuivant lefquels un affocié ne peut,
fans le confentement de l'autre, difpofer
d'aucune des chofes communes, fi ce n'eft
feulement pour la part qu'il y a: *Nemo ex
fociis plus parte fui poteft alienare*. Le Preneur, dans le cheptel à moitié, n'étant
donc Propriétaire que pour moitié de chacune des bêtes qui compofent le cheptel,
il ne peut difpofer d'aucune pour le total,
fans le confentement du Bailleur. S'il le
fait, la Coutume de Berry donne par
l'article 8. au Bailleur, de même que dans
le cas du cheptel fimple, le droit de fuite
& de revendication des bêtes que le Preneur a vendues; mais comme dans le
cheptel à moitié le Bailleur n'eft Propriétaire que pour moitié de ces bêtes; il ne
doit avoir la revendication de ces bêtes,
que pour la moitié qui lui en appartient.

63. A l'égard du temps de la durée du
cheptel à moitié : lorfque le cheptel eft
un cheptel de métairie, foit que ce foit
un cheptel fimple, foit que ce foit un
cheptel à moitié, par lequel le Métayer
fournit la moitié des beftiaux, il doit
avoir la même durée que celle du bail de
la métairie dont il fait partie.

Lorfque le cheptel eft fait par un Bailleur étranger, ou le tems qu'il doit durer

eſt réglé par le Contrat, ou il ne l'eſt pas ; lorſqu'il eſt fixé par le Contrat, le partage ne peut être exigé avant ce tems, de part ni d'autre ; & il n'y a à cet égard aucune différence entre le cheptel à moitié, & le cheptel ſimple : mais lorſque le tems n'eſt pas fixé par le Contrat, ces cheptels diffèrent, en ce qu'au lieu que dans le cheptel ſimple, lorſque le tems n'eſt pas fixé, le partage peut en être demandé par l'une ou par l'autre des Parties au bout de trois ans, ſuivant l'article premier de la Coutume de Berry ; au contraire, le partage du cheptel à moitié, lorſque le tems n'eſt pas fixé, ne peut, ſuivant l'article ſecond, être demandé qu'au bout de cinq ans. Voici les termes de cet article : » ſi leſ- » dites bêtes ont été baillées à moitié, » ſera tenu le Preneur les nourrir, & per- » ſeverer audit Contrat, ſans pouvoir » exiger, c'eſt-à-dire, faire partage, l'eſ- » pace & temps de cinq ans entiers, leſ- » quels finis pourra exiger & faire ledit » partage, pourvu que dedans quinzaine » après leſdits cinq ans finis, il ſomme & » requiere le Bailleur de ce faire ; & au- » trement ſera tenu, s'il plaît au Bailleur, » les nourrir encore juſques à un an après » le bail fini, s'il n'y a convention au con- » traire. »

Ragueau, en expliquant ces termes, *ont été baillées à moitié*, dit : » *nempè*, quand

» le Preneur fournit autant de chefs que
» le Bailleur, qui doivent être gardés &
» nourris par le Preneur; » ce qui exprime le Contrat de cheptel à moitié, tel
que nous l'avons décrit au commencement de cet article.

Quoique la Coutume dans la défense
qu'elle fait par cet article, d'exiger le
partage avant l'expiration des cinq ans,
ne parle que du Preneur; il y a néanmoins lieu de croire que le Bailleur ne
peut pas non plus, sans une juste cause,
exiger le partage, & dissoudre la société
avant l'expiration de ce tems, malgré le
Preneur : il est de l'équité que la condition de chacune des Parties soit égale à
cet égard ; c'est en ce sens que la Thaumassiere a entendu cet article en son Commentaire sur ledit article.

La Coutume établit un tacite renouvellement de société qui doit durer un an,
lorsque le partage de la société n'a pas été
demandé par l'une ou par l'autre des Parties dans la quinzaine depuis l'expiration
des cinq ans; s'il n'est demandé qu'après
l'expiration de la quinzaine, il est demandé à tard, & l'autre partie peut, *si bon lui
semble*, n'y pas consentir, & prétendre le
renouvellement de la société.

64. A cette différence près sur le tems,
au bout duquel le partage peut être demandé, lorsqu'il n'est pas réglé par le

Contrat, tout ce qui a été dit dans la Section précédente du partage du cheptel fimple, peut s'appliquer à celui du cheptel à moitié, fauf que dans ce cheptel à moitié, le Bailleur n'ayant fourni que fa part, il ne préleve pas comme dans le cheptel fimple ce qu'il a apporté.

ARTICLE II.

Du cheptel de fer.

65. Le cheptel de fer eft celui qui fait partie d'un bail de métairie, par lequel le Bailleur donne à ferme fa métairie, avec les beftiaux, dont elle eft garnie, fous une eftimation qui en eft faite, à un Fermier qui en doit avoir feul le profit pendant tout le tems du bail, & qui s'oblige de laiffer à la fin du bail une quantité de beftiaux d'une valeur égale à la fomme à laquelle monte l'eftimation de ceux qui lui ont été donnés lors du bail.

On appelle cette efpece de cheptel, cheptel *de fer*, ou *bêtes de fer*, parce que ce cheptel eft attaché à la métairie; le Fermier étant obligé de laiffer dans la métairie à la fin du bail, pour autant de beftiaux qu'il y en avoit lors du bail qui lui a été fait.

66. C'eft une queftion, fi par ce Contrat la propriété des bêtes eft transferée au

Fermier, de maniere que le Seigneur de métairie ne foit que Créancier de la quantité des beftiaux que le Fermier doit laiffer à la fin du bail ? Pour l'affirmative on peut dire que c'eft une maxime de droit qu'*æftimatio facit venditionem* ; que fuivant cette maxime, l'eftimation fous laquelle on donne au Fermier les bêtes qui compofent ce cheptel, renferme une efpece de vente qui lui eft faite de ces bêtes : on peut alléguer la Loi 3. ff. *Locat.* qui dit : *Cum fundus locatur, & æftimatum inftrumentum Colonus accipiat, Proculus ait id agi ut inftrumentum emptum habeat Colonus ; ficuti fieret cum quid æftimatum in dotem daretur* ; or dira-t-on les beftiaux qui font dans une métairie, font *inftrumentum fundi* ; étant donnés au Fermier par le bail par eftimation, cette eftimation aux termes de cette Loi renferme une vente qui en eft faite au Fermier, par laquelle la propriété en eft transferée au Fermier. Nonobftant ces raifons, la Thaumaffiere L. 4. de fes décifions, ch. 20. tient la negative, & fon opinion eft la meilleure.

La maxime *æftimatio facit venditionem*, alléguée pour l'affirmative, fouffre une diftinction qui fe tire de la différence de la fin pour laquelle fe fait la prifée : lorfqu'elle fe fait afin que celui à qui une chofe eft donnée par eftimation, puiffe la retenir, en payant l'eftimation, & foit plu-

tôt débiteur de l'eftimation, que de la chofe même ; c'eft le cas auquel *æftimatio facit venditionem*, comme lorfque chez les Romains la femme donnoit à fon mari en dot, une chofe qui étoit entre les Parties prifée, à une certaine fomme. *L.* 5. *Cod. de jur. dot.* pareillement dans l'efpece de la Loi 3. ff. *Locat.* qui a été oppofée, la chofe fervante à l'exploitation de l'héritage avoit été par le bail à ferme, donnée pour une certaine fomme au Fermier dans la vue qu'il rendroit à la fin du bail cette fomme au lieu de la chofe ; c'eft le cas auquel *æftimatio facit venditionem*. Mais lorfque celui à qui la chofe eft donnée par eftimation, doit la rendre, & n'a pas le choix de la retenir, en payant la fomme qu'elle a été eftimée : lorfque l'eftimation fe fait, non afin que celui qui reçoit la chofe par eftimation, puiffe la retenir en payant l'eftimation ; mais afin de conftater en quel état eft la chofe lorfqu'il la reçoit, & de conftater par ce moyen, de combien elle fe trouvera détériorée ou meliorée, comme dans l'efpece de la Loi 2. *Cod. de jur. dot.* on ne peut pas dire en ce cas que *æftimatio facit venditionem* ; la prifée ne fe fait pas en ce cas *venditionis causâ*, mais *intertrimenti causâ*, pour connoître le déchet qui peut furvenir fur la chofe ; or la prifée qui fe fait dans notre

tre cheptel de fer, eſt dans ce cas ; le
Fermier à qui les beſtiaux ont été donnés
par eſtimation, n'a pas le droit de les emmener à la fin du bail, en offrant de payer la
ſomme à laquelle ils ont été priſés lors du
bail. Cela feroit contraire à la nature de ce
cheptel, qui n'eſt appellé cheptel de fer,
que parce qu'il eſt comme attaché à la métairie, & que les Fermiers font obligés,
en ſortant, de laiſſer un fond de beſtiaux
de valeur égale à la priſée ; la priſée ne
ſe fait donc pas *venditionis couſá*, elle ſe
fait ſeulement *intertrimenti cauſá*, afin de
pouvoir conſtater par une nouvelle priſée
qui s'en fera à la fin du bail, de combien
le cheptel qui lui a été donné par le bail,
ſe trouvera alors ou diminué, ou augmenté.

67. Lorſque la priſée qui ſe fait à la fin
du bail, ne monte pas plus haut que celle
qui a été faite lors du bail, tout le cheptel doit reſter dans la métairie, le Fermier
n'en peut rien emmener ; & à plus forte
raiſon, lorſque la nouvelle priſée ne monte qu'à une ſomme moindre, le Fermier
doit même en ce cas payer en argent au
Bailleur ce qui s'en manque, quand même la diminution du cheptel feroit arrivée par des cas de force majeure, & ſans
ſa faute ; car devant avoir tout le profit

E

lorsqu'il y en a , il doit supporter la perte.

Lorsque la nouvelle prisée se trouve monter à une plus grande somme que celle qui a été faite lors du bail , il suffit au Fermier de laisser dans la métairie des bestiaux jusqu'à concurrence du montant de la premiere prisée , il peut emmener le surplus ; ce surplus étant un profit qui doit lui appartenir.

68. Le Bailleur demeurant Propriétaire du cheptel de fer qu'il a donné par estimation à son Fermier ; la Thaumassiere *liv.* 4. *chap.* 20. de ses décisions , en conclut que les Créanciers du Bailleur peuvent le saisir & faire vendre par exécution , sans que le Fermier puisse l'empêcher , sauf à lui son recours pour ses dommages & intérêts contre le Bailleur. Il dit que c'est la Jurisprudence du Présidial de Bourges , & il en rapporte plusieurs Sentences. L'Auteur des Notes sur les décisions de la Thaumassiere , dit que la Jurisprudence du Présidial de Moulins est contraire , & qu'on y juge le Fermier fondé à s'opposer à la saisie du cheptel , faite par les Créanciers du Bailleur , & à en demander la main-levée , sauf auxdits Créanciers à saisir & arrêter les Fermes. Pour attester cette Jurisprudence , il cite Auroux des Pommiers, Commentateur de la Coutume

de Bourbonnois ; je n'ai rien trouvé de cela dans le Commentaire d'Auroux, sur le Titre des cheptels : quoiqu'il en soit la Jurisprudence du Présidial de Bourges me paroît plus conforme aux principes de droit ; le bail à ferme ne donnant au Fermier qu'une simple créance personnelle contre le Bailleur, pour qu'il soit tenu de le faire jouir de la chose qu'il lui a louée , & ne lui donnant aucun droit réel dans cette chose, comme nous l'avons vu en notre Traité du contrat de louage *n.* 285. Il s'ensuit que le Fermier n'a qu'une créance personnelle contre le Bailleur, pour le faire jouir du cheptel, & qu'il n'a aucun droit réel dans le cheptel , qui puisse servir de fondement à l'opposition à la saisie qui en est faite par les Créanciers du Bailleur , à qui le cheptel appartient.

Il est très-certain que ce Fermier ne pourroit empêcher les Créanciers du Bailleur, de saisir réellement, & de vendre la métairie qu'il tient à ferme ; par la même raison, il ne peut les empêcher de saisir & vendre les bestiaux , puisque les bestiaux , comme la métairie , appartiennent au Bailleur, & que le Fermier n'a aucun droit réel dans les bestiaux , comme il n'en a point dans la métairie.

Tout ce que le Fermier peut demander, lorsque le cheptel est saisi & vendu par les Créanciers de son Bailleur, est que s'il est vendu plus que la prisée qui en a été faite lors du bail, ce surplus du prix de la vente lui soit délivré : car le Bailleur ne s'est retenu la propriété du cheptel, que jusqu'à concurrence du montant de la prisée ; ce qui s'en trouve de plus, est un profit qui appartient au Fermier, & qui lui a été cédé par le bail à cheptel ; le prix de ce surplus doit donc lui appartenir.

Les Créanciers ne peuvent en ce cas retenir sur ce surplus du prix qui appartient au Fermier, aucune partie de leurs frais de saisie, de garnison & de vente ; car n'ayant le droit de saisir que ce qui appartient à leur débiteur, ils doivent prendre tous ces frais sur la partie du prix de ce qui appartenoit dans le cheptel au Bailleur leur débiteur.

Le Fermier, dans le cas auquel le cheptel est augmenté, peut aussi demander que les Créanciers qui l'ont saisi en vendent les bêtes par détail, & faire cesser la vente, lorsqu'il en aura été vendu pour le montant de la prisée ; car le surplus étant un profit qui appartient au Fermier, les Créanciers du Bailleur n'ont pas droit de le vendre.

Le Fermier peut aussi demander qu'il soit sursis à la vente des bêtes qui lui sont

les plus néceſſaires , juſqu'à ce que le ſurplus ait été vendu, & qu'elles ne ſoient
vendues que dans le cas auquel la vente
du ſurplus ne rempliroit pas le montant
de la priſée.

Sur le droit qu'ont les Créanciers d'un
Bailleur, de ſaiſir & vendre les beſtiaux
par lui donnés à cheptel. Voyez ce que
nous en avons dit *ſuprà n.* 33. dans le cas
du cheptel ordinaire.

69. Le Fermier devant avoir tout le
profit du cheptel de fer, il peut vendre
à ſon profit les croîts, ſauf ce qui eſt né-
ceſſaire pour remplir les chefs qui ſont
morts, ou les bêtes qu'il faut vendre, parce qu'elles ſont trop vieilles ; mais ſi, hors
ce cas, il vendoit les chefs & diminuoit le
fond du cheptel, le Bailleur auroit le droit
de ſuite.

70. Il nous reſte à juſtifier le cheptel
de fer contre les Caſuiſtes qui le prétendent uſuraire , lorſque le Bailleur de la
métairie & du cheptel afferme ſa terre pour
un prix plus fort qu'il ne l'affermeroit, ſi
elle étoit ſans beſtiaux ; l'Auteur de la
Théologie morale de Grénoble , *tom.* I.
Traité 4. *du prêt & de l'uſure , chap.* 13 dit :
qu'il eſt ſans difficulté que le Bailleur commet une uſure, *puiſqu'il prétend recevoir
quelque choſe en donnant du bétail , ce qui
n'eſt qu'un pur prêt.*

Je ne vois aucune injuſtice dans ce contrat, ni rien qui reſſemble à un prêt. Le
Contrat de prêt *mutuum* ne peut ſe faire
que de choſes qui ſe conſomment par l'u-
ſage, telles que de l'argent, du bled, du
vin, &c. du bétail n'en peut être la matiere.

Je ne vois donc dans ce Contrat rien
autre choſe, qu'un contrat de louage d'une
métairie embétaillée.

Si le Bailleur afferme ſa métairie embétaillée pour un prix plus cher qu'elle ne
le ſeroit ſi elle étoit dénuée de bétail, il
n'y a rien en cela que de très-juſte; une
métairie doit être d'autant plus affermée
qu'elle eſt plus fructueuſe; or il n'eſt pas
douteux qu'une métairie bien embétaillée
ne ſoit infiniment plus fructueuſe, que ſi
elle étoit dénuée de bétail; puiſque ce
ſont les engrais qui procurent aux terres
la fécondité; il eſt donc très-juſte qu'elle
ſoit affermée davantage.

La convention par laquelle le Fermier
s'oblige à laiſſer à la fin du bail un fond
de bétail de même valeur que celui qu'il
a trouvé, n'a rien auſſi que de très-équitable.

Un fond de bétail eſt du nombre de ces
choſes, *quæ ex naturâ ſuâ augmentum &*
detrimentum recipiunt; ſi ce fond de bétail
ſe trouve à la fin du bail augmenté, l'au-

gmentation appartiendra au Fermier ; il est donc juste que s'il y a de la diminution, ce soit lui qui la souffre : cela est conforme aux premiers principes de l'équité ; *æquum est ut qui sentit lucrum, sentiat & damnum.*

On oppose que toute l'augmentation qui peut arriver dans le fond du bétail devant se compenser avec le risque de la perte qui peut arriver par la diminution dont le Fermier se charge, on commet une injustice envers le Fermier, en lui affermant la métairie plus cher que si elle n'étoit pas embétaillée ; parce que par cet excédent de ferme, on lui fait payer en partie une seconde fois le prix de l'augmentation du bétail qu'il peut espérer, & qu'il a déja payé par le risque de la diminution dont il est chargé.

Réponse. Indépendamment du profit que le Fermier a lieu d'espérer par l'augmentation qui se fait par les croîts dans le fond du cheptel, le Fermier trouve encore un autre avantage très-considérable d'avoir une métairie bien embétaillée, & cet avantage consiste, comme on l'a dit, en ce qu'une métairie bien embétaillée est infiniment plus fertile qu'une métairie dénuée des engrais nécessaires pour procurer aux terres la fécondité. En accordant que le Fermier ait payé le profit des croîts

par le rifque des mortalités dont il fe charge, il lui refte encore cet autre avantage
qu'on ne peut pas dire qu'il ait payé, &
pour raifon duquel on peut avec juftice
lui affermer la métairie plus cher que fi elle
n'étoit pas embétaillée.

Il y a plus ; à l'égard du bétail blanc,
outre le profit des croîts qu'on veut bien
compenfer & regarder comme payé par
le rifque des mortalités dont le Fermier
fe charge ; le Fermier ne tire-t-il pas encore un profit très-confidérable des laines ?
Ce profit, déduction faite du prix de fes
foins pour la garde, peut encore avec juftice entrer en confidération pour l'augmentation de la ferme.

Je vas plus loin, & je dis, à l'égard du
gros bétail qu'il n'eft pas indiftinctement
vrai que le profit des croîts doive être
cenfé compenfé & en entier payé par le rifque des mortalités dont le Fermier fe charge ; cela ne doit être qu'autant qu'il n'y
auroit pas plus de profit à efpérer des croîts
que de pertes à craindre par les mortalités.
Mais fi l'expérience apprend que le profit
qu'il y a à efpérer par les croîts, eft fuivant les différens pays en proportion dou-
ble & triple avec la perte qui eft à craindre, la compenfation du profit à efpérer,
& de la perte à craindre ne doit fe faire
que jufqu'à due concurrence ; & ce dont

le profit à efpérer excede la perte à craindre, eft encore une raifon légitime pour
augmenter le prix de la ferme d'une métairie embétaillée.

A R T I C L E   I I I.

D'une autre efpece de Cheptel.

71. Il y a une efpece de cheptel fort
ufitée dans notre vignoble d'Orléans ; un
Particulier donne une vache à un Vigne-
ron pour la loger & la nourrir ; le Bailleur conferve la propriété de fa vache, &
elle eft à fes rifques : il a le profit des veaux
qui en naiffent, & il cede au Preneur pour
la récompenfe de la nourriture que le Preneur fournit, & de fes foins, le profit du
laitage, fauf de celui qui eft néceffaire
pour la nourriture du veau depuis que
la vache a vêlé jufqu'à ce que le veau foit
en âge d'être févré. Il lui cede auffi le profit du fumier, à la charge par le Preneur
de fe fournir à fes dépens de chaume pour
faire la litiere.

Ce Contrat n'eft pas un Contrat de fociété ; car il eft de l'effence du contrat de
fociété, que les Parties contractantes mettent chacune quelque chofe en commun,
& qu'elles contractent dans la vue de faire
un gain en commun ; ce qui ne fe trouve

pas dans l'espece de notre Contrat ; les Parties ne mettent rien en commun ; elles n'ont pas pour objet de faire quelque gain en commun ; elles n'ont rien à partager ensemble, le profit des veaux devant appartenir au Bailleur seul, & celui des laitages & fumiers au Preneur seul.

Ce Contrat n'est pas non plus un Contrat de louage, étant de l'essence du Contrat de louage qu'il y ait une chose louée, & un loyer qui consiste en une somme d'argent, ou en une quotité des fruits de la chose louée, ce qui ne se trouve pas dans ce Contrat-ci.

Ce Contrat ne peut donc être qu'un Contrat innommé de la classe de ceux *do ut facias*, par lequel le Bailleur donne au Preneur les profits du lait & des fumiers de sa vache, pour qu'il la nourrisse & en prenne soin.

72. Le Bailleur, par ce Contrat, contracte l'obligation de laisser jouir le Preneur des profits de la vache qu'il lui a cédé, & par conséquent de le laisser jouir de tout le lait de la vache, sauf de celui qui est nécessaire pour allaiter le veau, depuis que la vache a veslé jusqu'à ce que le veau soit en état d'être sevré & vendu.

C'est pourquoi aussi-tôt que le veau est en état d'être vendu, le Bailleur est obligé de retirer le veau pour le vendre, à peine d'être tenu des dommages & intérêts du Preneur réfultans de la privation du profit du lait, qu'il auroit foufferte pendant le tems que le Bailleur a été en demeure de retirer fon veau.

Le Preneur, pour mettre le Bailleur en demeure, doit l'affigner pour retirer le veau; l'âge auquel on eftime qu'un veau eft en état d'être vendu, eft celui de quatre femaines au plus tard.

73. Lorfqu'il y a par le contrat un temps fixé pendant lequel la vache doit être chez le Preneur, le Bailleur eft obligé de la lui laiffer pendant tout ce tems, à moins que le Bailleur ne fut en état de juftifier que le Preneur en mefufe & n'en a pas le foin qu'il en doit avoir, auquel cas il lui feroit permis de la retirer avant le temps; ce qui eft conforme aux regles du Contrat de louage que nous avons établies en notre Traité. *n.* 322.

Ordinairement dans notre vignoble d'Orléans, il n'y a pas de temps fixé par le Contrat pendant lequel la vache doive demeurer chez le Preneur; en ce cas le Bailleur peut la retirer quand bon lui femble, pourvu néanmoins que ce foit *tempore opportuno.*

Ce ne feroit pas retirer la vache *tempore opportuno,* fi le Bailleur vouloit la retirer incontinent après qu'il a retiré le veau, étant juste que le Preneur qui a été privé du profit de laitage pendant le tems que la vache a nourri son veau, jouisse de la vache depuis qu'elle n'a plus de veau, pendant un tems suffisant pour se dédommager.

Ce ne seroit pas non plus retirer la vache *tempore opportuno*, si le Bailleur qui a donné la vache à l'entrée de l'hiver, vouloit la retirer dans le mois d'Avril suivant.

Il ne seroit pas juste que le Preneur, après avoir nourri la vache pendant tout l'hiver, qui est le tems le plus dur où la nourriture coûte beaucoup, & où les vaches produisent moins de lait, ne pût en jouir dès que le tems devient favorable. Il est en ce cas à l'arbitrage du Juge de fixer un tems pendant lequel le Bailleur laissera la vache au Preneur, qui soit suffisant pour le dédommager de la charge qu'il en a eu pendant l'hiver.

74. Le Preneur de son côté, contracte par ce Contrat l'obligation de nourrir la vache, & d'en avoir le même soin qu'un bon pere de famille a des siennes ; si faute par le Preneur de satisfaire à cette obligation, la vache étoit détériorée, il seroit tenu des dommages & intérêts du Bailleur.

S'il furvient par cas fortuit quelque maladie à la vache, le Preneur en doit donner avis au Bailleur, & s'il eſt befoin d'avoir recours à ceux qui fe mêlent de la cure des maladies de ces animaux, le Bailleur doit la faire traiter à fes dépens, le Preneur ne s'obligeant qu'à fournir la nourriture ordinaire.

Le Bailleur étant toujours cenfé par ce Contrat fe réferver le profit des veaux, le Preneur eſt tenu de mener la vache au taureau pour l'empreigner lorfqu'elle eſt en chaleur.

75. Lorfque le temps pendant lequel la vache doit être chez le Preneur, eſt réglé par le Contrat, de même qu'elle ne peut être retirée, elle ne peut auſſi être rendue avant l'expiration de ce temps, que par le confentement reciproque des Parties.

Néanmoins fi avant l'expiration de ce temps il furvenoit à la vache une maladie habituelle qui la privât de fon lait, le preneur feroit recevable à la rendre avant l'expiration du temps ; car ne s'étant chargé de la nourriture de la vache que pour avoir le profit de fon lait, il ne feroit pas équitable que ne pouvant plus avoir ce profit, il continuât de fupporter la charge.

76. Quoiqu'il n'y ait pas de tems fixé par le Contrat, de même que le Bailleur

ne peut retirer la vache, fi ce n'eft *tempore opportuno* ; de même le Preneur n'eft pas recevable à la rendre fi ce n'eft *tempore opportuno*.

Ce ne feroit pas la rendre *tempore opportuno*, fi le Preneur offroit de la rendre lorfqu'elle eft prête à vefler ; car le profit du lait ne lui étant accordé par le Contrat, qu'à la charge que celui qui feroit nécef-faire pour la nourriture du veau, en feroit excepté ; il ne feroit pas jufte qu'il pût, après avoir joui de ce profit, fe fouftraire à la charge, en rendant le veau, lorfque la vache eft prête à vefler.

Ce ne feroit pas non plus la rendre *tempore opportuno*, fi la vache lui ayant été donnée au commencement du prin-temps, après en avoir joui pendant tout le beau temps il attendoit à l'hiver à la rendre.

77. Quoi qu'ordinairement par ce con-trat la vache foit entiérement aux rifques du Bailleur qui en demeure le Propriétai-re, & qui a le profit entier des veaux ; néanmoins j'ai vu quelqu'exemple de con-vention par laquelle on accordoit au Pre-neur la moitié du profit des veaux, & on le chargeoit en conféquence pour moitié du rifque des cas fortuits qui pourroient caufer la perte de la vache ; je ne trouve rien que de très-équitable dans cette con-

vention : la moitié dans le profit des veaux que le Preneur n'auroit pas fans cela, eft un prix fuffifant du rifque de la moitié de la perte de la vache dont on le charge, fur-tout lorfque la vache, à l'égard de laquelle la convention intervient, eft une jeune vache bien vigoureufe qui promet une longue vie, & un grand nombre de veaux : cette convention feroit inique, fi elle intervenoit à l'égard d'une vieille vache.

F I N.

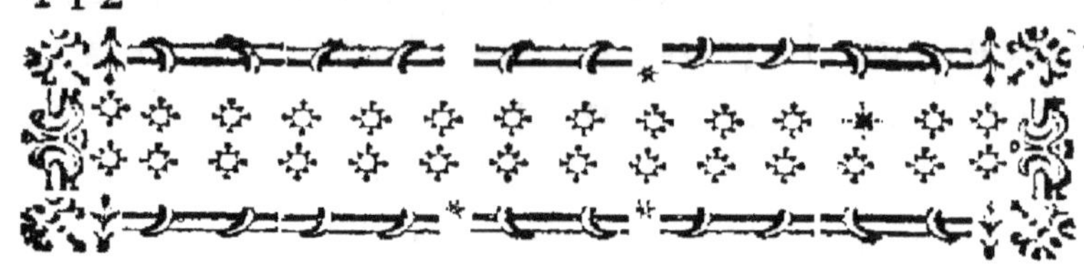

TABLE
DES MATIERES,
PAR ORDRE ALPHABETIQUE.

A

C

Il est

E

F

H

O

P

R

S

T

Fin de la Table des matieres.